副业赚钱之道

从0到1打造多元化收入

安晓辉 程涛◎ 著

赵瑾◎插画

人民邮电出版社

北 京

图书在版编目（CIP）数据

副业赚钱之道：从0到1打造多元化收入 / 安晓辉，
程涛著. — 北京：人民邮电出版社，2020.1
ISBN 978-7-115-52302-0

Ⅰ. ①副… Ⅱ. ①安… ②程… Ⅲ. ①副业—基本知
识 Ⅳ. ①F307.5

中国版本图书馆CIP数据核字（2019）第228854号

内 容 提 要

我们想挣更多钱、想晋升、想提升竞争力、想职业自由、想拥有更丰富的生活……却往往被"持续攀爬职场阶梯"这一固定轨道限制住了思维，无法创造更多精彩。

本书正是为了帮助读者跨越职场栏杆，提供了创造全新可能的思维、方法和工具：三花聚顶法帮助读者判断何时开始探索新可能，SEGAR模型（扫描/提取/规划/行动/复盘）辅助读者一步步将副业落到实处，财富管理金字塔告诉读者生钱之道，扇形收入图统合职场、副业、理财，提供读者掌控生活的简单工具，帮助读者养成习惯，从而走向财务自由。

书里讲到的每种方法，都配有简洁易懂的图表和丰富的案例，适合想要拓展更多可能性、建立财务自信、掌控生活的职场人士。

◆ 著　　　　安晓辉　程　涛
　　责任编辑　郭　媛
　　责任印制　周昇亮
◆ 人民邮电出版社出版发行　　北京市丰台区成寿寺路 11 号
　　邮编　100164　　电子邮件　315@ptpress.com.cn
　　网址　https://www.ptpress.com.cn
　　涿州市殷润文化传播有限公司印刷
◆ 开本：700×1000　1/16
　　印张：16　　　　　　　　　　　　2020 年 1 月第 1 版
　　字数：244 千字　　　　　　　　　2025 年 3 月河北第 13 次印刷

定价：49.80 元

读者服务热线：(010)81055296　印装质量热线：(010)81055316
反盗版热线：(010)81055315

创造更多可能性

我的副业经历

2013 年，是我进入职场的第 11 年，我在一家软件公司做研发部门经理，管理近 20 人的团队。遗憾的是，我负责的产品——互联网智能电视盒，在当时的市场反响并不好，短时间内很难看到什么希望很大的前景。工作节奏慢下来，我开始思考如下几个问题。

1. 我的职场发展是否到顶了？

2. 我的收入是否见顶了？

3. 我要去探索新的可能性吗？

第 1 个问题的答案是"到顶了"。在当时看来，我沿着职位序列上升，几乎是没有机会了。虽然我处在公司的核心部门，负责核心产品，我个人技术能力出众，管理能力也较强，但再往上就是技术副总，我短期内是够不到的。

第 2 个问题的答案也是肯定的。虽然我的工资每年会有 8% ~ 10% 的增幅，然而扣除通货膨胀，剔除 M2（广义货币）增速，最后工资几乎是没有增长的。

就这样，我在 33 岁时遇到了大多数能够胜任工作的职场人士都会碰到的问题：晋升无望，收入见顶，而生活开支直线上升（如图 0-1 所示）。

面对这样的状况，就算迟钝如我，心中也隐隐约约生出一丝丝焦虑与担忧——万一当下的工作出现"黑天鹅事件"，我还有什么选择？所以，第 3 个问题的答案，自然是肯定的。那么怎么做才能破困而出找到新的可能性呢？一时之间我却想不到什么好办法。

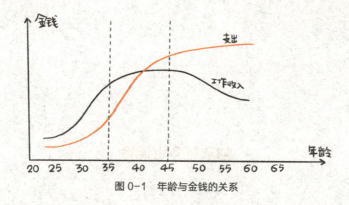

图 0-1　年龄与金钱的关系

出于技术人的执拗和直觉，我想自己必须在软件开发技术上再做一些事情，继续提升自己的价值。于是我就盘算自己还能在技术上做点什么。稍一琢磨我发现，自己从 2008 年 7 月到 2013 年 10 月，一直在做智能机顶盒，不断使用 Qt（一个采用 C++ 编程语言实现的跨平台应用开发框架）开发各种功能，对 Qt 非常熟悉，从基本模块的使用，到框架设计原理，到源码，我都了如指掌。在我们团队里，无论谁有了 Qt 方面的问题，都会来问我，我也能很快帮他们解决问题。这是我的优势啊！于是我就想着把自己在 Qt 应用开发方面的经验和理解分享出去，帮助更多人解决问题。这样我既可以借分享的机会系统化自己已有的知识，又可以锻炼表达、设计和写作等能力。

没怎么犹豫，我就开始在 CSDN（一个为 IT 专业人士及 IT 企业提供集成化信息传播与服务的平台）上撰写博客，以一周三四篇的速度更新。没想到虽然 Qt 的使用者不多，我的文章却很受欢迎，有不少读者留言说我的文章帮助他们解决了问题，这让我觉得自己的付出非常有意义。于是我决定持续做下去，把写技术博客当成了工作之外的另一项事业。

没多久，Qt 发布了分别针对 Android 平台和 iOS 平台的版本，这意味着用它开发的软件可以在智能手机上运行了！这引起了我的兴趣，于是我花了几天时间研究、实验，写了一篇关于 Qt on Android 如何使用的文章。没想到，一经发布，这篇文章的点击量就迅速飙升，这引起了电子工业出版社的策划编辑高洪霞老师的关注，她发私信联系我出版相关图书。

当时我还在上班，但我是爱技术、爱写作的人，就一口应承下来，然后开启了写书之旅。

从 2013 年 12 月到 2014 年 9 月这段时间，我白天上班，晚上写书、写代码，早起写书、写代码，周末也在写书、写代码。我每天睡觉的时间不到 5 个小时，坚持了 10 个月，体重从将近 150 斤下降到了 126 斤！最终一个人靠着死磕到底的"二货"精神，用业余时间写完了两本技术图书：《Qt on Android 核心编程》和《Qt Quick 核心编程》。

这两本书为我在 Qt 开发圈子内赢得了广泛的赞誉，给我带来了影响力和知名度，很多人开始叫我"for 神"（我的 CSDN 用户名是 foruok），这让我觉得自己的付出是非常值得的。

我通过《Qt on Android 核心编程》和《Qt Quick 核心编程》两本书获得的版税将近 6 万元，算是我第 1 次相对有规模的副业收入。更重要的是，写作及出版两本书这件事本身，让我意识到，自己不仅能做好本职工作，还可以在业余时间做一些副业，这两本书的出版引导着我真正开启了副业之路。

写完书之后，我琢磨着有人可能更喜欢边看视频边跟着练习这种学习方式，于是我在 2014 年年底到 2015 年上半年集中精力录制了 5 个与我写的书有关的视频课程，3 个收费，2 个免费。视频课程录制完成后，放在"CSDN 学院"和"51CTO 学院"这两个技术类的平台上销售。

我没有做任何营销，全是由有需求的用户直接搜索到我的课程，然后购买。这些视频课程，前后给我带来了 4 万多元的收入。到现在，我已经 4 年多没有更新过相关信息，每个月还是有一些订单，能给我带来一点被动收入。

写作出书、录制视频课程，这两件事情想要做好，需要耗费非常大的心力，我凭着一股子"二货"精神在这个领域冲上山后，休息了一阵子，没有再继续写书，也没再继续录制课程。这两件事对个人时间压榨得厉害，会在一定程度上影响家庭生活。虽然我很享受写书的心理状态，但我不想再因此而忽略家人，于是我准备尝试新的写作方向，用更为温和的方式和节奏来继续我的写作之路。

2015 年上半年，因为工作关系，我学习了 Node.js（一个让 Java Script 运行在服务端的开发平台）等新技术，又录了一些视频课程放在各个平台上销售。

2015 年年初，我调整了写作方向，开始在博客上更新职场发展和成长类的文章。这些文章很受读者欢迎，有几篇文章的阅读量超过了10万。同期，我开始给《程序员》杂志写专栏，几乎每期（半个月一期）都有一篇文章发布在"百味"专栏，可以拿到七八百元的稿费。

也是在这个时期，身边有不少朋友找我聊职业发展、转型等相关问题。我通过女儿同学的妈妈，联系上了做职业规划的老师，系统学习了职业规划知识，拿到了中国职业规划师的资格证。

2015年3月，知识技能共享的小趋势出现，"在行""8点后""时间拍卖""领路""靠我""锦囊专家"等平台如雨后春笋般涌现，使得在某个领域有深厚积累和独到见解的内行获得了分享见识、赚取收入的机会。

此时我发现自己喜欢一对一帮人解决问题，看到别人找到职业方向我会有很强的成就感。因此我希望多做职业规划咨询这样的事情，就以"图书作者 + 职业规划师"的身份，申请成为了在行的行家，开始通过在行APP为其相关用户提供与生涯规划相关的咨询服务，比如职业规划、选择Offer等。

到2019年9月，我使用在行APP完成了122次与职业生涯相关的咨询。

考虑到职场文章与CSDN这种技术平台不太匹配，我于2015年5月9日开通了公众号"程序视界"。我一面整理一部分博客文章，一面写一些新的文章，将两者结合起来，一周更新三四篇文章。做了一段时间，节奏稳定了下来，我每周更新4篇文章，一直做到现在，有了4万多关注量。

我是技术人员出身，不擅长推广、营销这类事情，也没想过在运营公众号方面有所突破，只是可着劲儿写文章，等待有缘人来关注、阅读、传播。即便如此，公众号做久了，也会有一些零星收入，如软文广告、赞赏、流量主、销售商品的佣金等。

2015年年底，我换了公司，开始在西安丈八四路和锦业路十字西北角的神州数码科技园上班。我住的地方，在科技路和高新四路十字西北角，距离上班的地方有7公里左右的路程。

我每天开车上班，带上我媳妇，后排还空两个座位。我就琢磨着试试顺风车，上班拉一单，下班拉一单，这样每天能赚20元左右，可以抵扣一天的汽油费。

于是我注册了滴滴顺风车，在上下班时顺便拉人。我坚持了3个多月，每个月赚四五百元钱，真的抵扣了油钱。不过后来因为浪费时间，收益又小，就放弃不做了。

开顺风车只是一个小插曲，我更倾向于做知识类的事情，对各种知识产品形式和小趋势相当关注，也很愿意把时间和精力花费在知识分享上。

2016年5月，付费语音问答产品"分答"（现在改名叫"在行一点"）问世，凭借王思聪等大V（经过个人认证并拥有众多粉丝的微博用户）的影响力，迅速成为现象级产品。我果断注册了账号，开始了疯狂答题之旅。到2017年7月初，我回答了4 800多个问题，成为职场类TOP 10答主。

分答采取的60秒语音问答方式，对个人解题能力要求颇高。最开始，我都是先将回答要点写在便利贴上，然后看着便利贴，组织语言，录音回答。经过几百个问题的锤炼，我才能看到问题后立马想出来要点并组织语言，60秒内完成录音。

大量语音回答锻炼了我在短时间内分析问题和结构化回答的能力，为我后面做语音直播等事情奠定了基础。

2017年年初，斯达克学院邀请我在"知乎Live"上面分享开发者的职业规划，我毫不犹豫地答应了。因为我从2015年3月开始，就聚焦于职业规划方面的信息，想利用各种各样的机会更迭我的认知和课程。

我策划了一个"程序员的精进"系列Live，分3次讲完。

在斯达克学院的推广帮助下，这些Live在开讲之前，每个都有超过300人参与，讲完之后的评价也还不错。

知乎Live的尝试，加上4 000多个分答60秒语音问答的体验和反思，让我意识到，语音直播会是比语音问答更适合传递结构化经验和知识的形式，这将是接下来的一个小趋势，于是我决定把精力放在知乎Live上。征得斯达克学院负责人的同意后，我联系了当时负责我的知乎Live事宜的知乎运营人员，在她的帮助下，开始以个人身份来讲知乎Live。与此同时，我也花了大量工夫在知乎社区内回答问题，以便社区和Live之间形成联动。

在接下来的一年中，我持续地深耕知乎Live，设计了第1个面向开发者的Live专题"程序员的成长课"，还开发了"业余时间赚钱的6种策略"这个爆款 Live——到现在有超过 42 000 人参与，单场 Live 销售额超过 40 万元。

鉴于在知乎 Live 和知乎问答两方面的投入以及取得的成绩，我决定把语音问答服务迁移到知乎推出的"值乎"上来。因为分答的语音回答形式，只能用 60 秒语音回答问题，较难深入，而值乎可以"语音 + 图文"交互的形式展开回答，并且提问者可多次追问，接近微咨询的形式，能大大提升帮助别人解决问题的概率。

在和斯达克学院合作了"程序员的精进"系列 Live 后，学院负责人和我商量，这个系列可以在他们平台上做"微直播"课程，让更多人知道，让更多人获得帮助。于是我以"程序员的精进"系列知乎 Live 为基础，深入分析、挖掘，并引入新的知识，重构后设计出适合斯达克学院的微直播课程。课程分为 3 节，每节讲 90 分钟，最终我在斯达克学院完成了直播。

就在我准备斯达克学院的微直播课程时，CSDN 学院的负责人找到我，希望我能在 CSDN 学院上做程序员职场的直播课。我拿出规划好的微直播课程大纲与 CSDN 学院讨论，做了一些微小的调整，迅速敲定了直播内容，并在 2017年 5 月完成了直播。

在做程序员职场规划的直播课程期间，我还了解到"GitChat"这款面向技术人员的、基于微信平台的知识分享产品。它的付费产品是图文形式，与我技术文章写作这个优势非常匹配，使用它还能发挥我在技术领域积累的影响力，所以我决定把它当作一个重要的阵地。2017 年 6 月，我发布了第一场 Chat，在 GitChat 扎下根来。

这就是我一路走来的副业故事。

非常幸运的是，副业虽然在时间上给我带来了较大的压力，但却给我带来了更多的收入，重构了我的收入结构，帮助我走出了"晋升无望，收入见顶，而开支直线上升"的困境，让我有了更强的自我效能感和财务自信。

我的这些经历，让我意识到了在传统的爬梯子式的职场道路之外还有一条新的道路。只要我们横出职场，斜跨一步，就会发现无数可能。我们找到适合自己的方式，经由一定的步骤打造出副业，就能重构收入结构，增强财务自信（如图 0-2 所示），进而掌控生活，从容面对诸如经济环境波动、裁员等各种可能的突发状况，拥有别样精彩的人生。

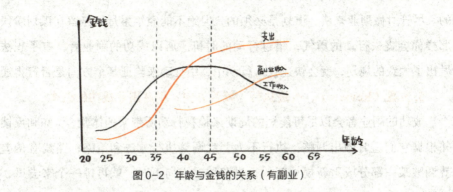

图 0-2 年龄与金钱的关系（有副业）

有鉴于此，我开始特别关注那些一面在职场打拼、一面斜跨出去创造精彩平行世界的副业达人。在与他们有了深入接触后，我发现，虽然每个人的故事都不一样，但背后却有类似的规律和方法——他们都或有意、或无意地遵循了副业实践的 5 个关键环节。这 5 个环节，环环相扣，不可分离。

SEGAR 模型：成就副业的 5 个关键环节

副业达人在探索副业时遵循的 5 个关键环节如下。

1. 扫描（Scan）尽可能多的副业选项

这是第 1 个阶段，它的关键是放下"能否做得到"的考量，扫描倾向、资源、客户需求、机会、收入结构等各种可能的角度，把尽可能多的副业选项挖掘出来，让自己看到尽可能多的希望。

2. 提取（Extract）适合自己的选项

这是第 2 个阶段，其关键是结合副业选项的要求、自己的基础、自己对副业的诉求，从众多选项中提取少数几个具备可行性的方向，然后选择一个做尝试。

3. 规划（Guide）自己的副业路线图

成功的副业者不会盲目开始，而是会先设定清晰的目标，然后通过生涯人物访谈等方式深入了解自己要做的事情，用倒推法明确可能的实现路径，绘制出具有指导意义的副业路线图，给自己的执行做参考，提升效率和成功概率。

4. 行动（Action），持续行动，达成目标

"坐而论道，不如起而行之。"不行动，一切都是枉然。不行动，很多事情也不可能想得一清二楚、分毫不差。因为很多问题不行动是不可能浮现出来

的。尽管对做副业来讲，谋划是必须的，但绝不能经年累月地停留在谋划阶段，那样你会丧失行动的勇气，错过行动的时机。所以成功的副业者，有了想法，做出了大致的规划，就会快速投入行动中，用行动来验证某个方向是否行得通。

5. 复盘（Review），改进执行，校验方向，提高副业成功的概率

成功的副业者会以尽可能短的周期来检视行动所带来的体验、认知和反馈，并根据它们适时做出调整：执行不力，就调整执行方法和策略；路线有偏差，就调整某一部分或重新规划新的行进路线；方向不对，就再挑一个来尝试；如果挑不出来，也可以从零开始，再次扫描副业选项。

以上 5 个环节的关键词（扫描、提取、规划、行动、复盘）的英文首字母组合在一起，即为 SEGAR。SEGAR 副业模型，就是我们这本书要讲的关键内容。图 0-3 整合了 SEGAR 模型每一个模块所提供的思维、方法、工具，以及模块之间的关系。

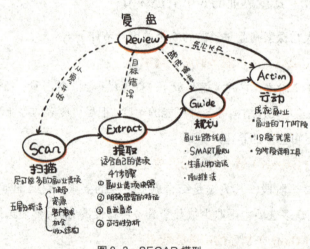

图 0-3　SEGAR 模型

本书内容介绍

SEGAR 模型是副业实践的 5 个关键环节，而在实践之前，往往还需要明确"为什么做副业"以及"何时做副业"。我把对这两个问题的探讨，放在了本书的开始、SEGAR 模型的前面，所以，接下来大家看到的，将会是下面这样的讲述顺序。

1. 要明确自己为了什么做副业，想从副业中得到什么。

2. 要找到合适的开始时机。

3. 扩大视野，扫描尽可能多的副业选项，让自己看到各种可能性。

4. 提取适合自己的选项。

5. 选择一个选项，规划自己的副业路线图。

6. 运用一揽子方法保障持续行动，把副业打造出来。

7. 在执行过程中，适时复盘，合理调整，更迭前行。

工作收入、副业收入需要管理，以便保值、增值，所以，本书还提供了家庭财富管理的内容，辅助大家建立最基本的理财原则和实践。

我们做副业，不是为了副业而副业，理财也不是为了一点点利息、分红而做。我们做这一切的目的，是为了构建多元化的收入结构，应对诸如裁员、行业衰退等突发状况，更好地掌控生活。所以，这一切应该统合为一个有机整体，这个有机整体，呈现为扇形结构，本书称之为"扇形收入理论"，这部分内容放在最后一章来讲述。

10 种快速使用本书的方法

这本书的使命是成为帮助你发现更多收入渠道和达成更多收入的工具书。

为了完成这个使命，这本书以探索副业作为切入点，覆盖"发展斜杠事业，开创新可能""财富管理""统合多种斜杠收入和理财收入，打造扇形收入"三大阶段，提供了三花聚顶法、SEGAR 模型、五星分析法、360 度访谈、被询分析、成就事件、SMART 原则、生涯人物访谈、倒推法、愿景板、阶梯模型、时间日志、串行工作法、个人看板、预测未来、ABCDE 模型、家庭理财金字塔、扇形收入图等数十种方法作为工具和指南。

整体而言，这是一本逻辑清晰但内容繁多以致于看起来相当复杂的书。但它的确可以快速地为你所用，这是因为：首先你不必从头到尾逐一按顺序阅读，你可以通过扫读目录，挑选任意你感兴趣的章节来读，从案例、方法或工具中提取对你有用的内容；其次，你可以将自己的状况与下面介绍的 8 种典型场景匹配，跟着导览图"直取要害"。

1. 想改善收入结构，增强财务自信，掌控生活。

2. 想看看除了工作还能干什么。

3. 创造被动收入，走向自由。

4. 了解别人都是怎么做副业的，寻找灵感。

5. 想找找自己适合做什么副业。

6. 副业选项很多，难以取舍。

7. 有想法但不知道怎么落地执行。

8. 已经在做副业，但产生自我怀疑，感到副业无法持续下去。

接下来我们一个一个来了解在这些场景下应该怎样利用本书。

第 1 种典型场景：想改善收入结构，增强财务自信，掌控生活。

当你的工作收入覆盖不了或只能勉强支撑生活开支时，你就会有比较大的压力。你一方面不满现状，想要看看有什么新的可能；另一方面又因各种现实原因害怕失去当前工作，断了主要收入来源。面对这种情况，你感到焦虑重重，却不知道该怎么办。

如果你身处这种情形之下，想获得突破，那一边工作一边利用业余时间探索一下自己都有什么可能性，就是非常好的选择。因为这样既可以改善收入结构，让你不再依赖单一的工作收入，又可以适时把握住可行的机会实现无缝转型。

此时建议依据如下思路来阅读本书。

- 先阅读前 2 章的各种案例，从中汲取灵感。
- 再读读第 3 章，理性分析自己的各种可能性。

然后就可以停下来琢磨琢磨，问问自己：改善收入结构的欲望有多强烈？愿意为此付出多大努力？假如欲望炽烈，可以为之披星戴月，那就可以试试看，接着往下读第 4 章、第 5 章，看看如何选择一个契合你当下状态的副业选项，怎样快速开始行动。

第 2 种典型场景：想看看自己除了工作还能干什么。

你不满足于工作，总觉得自己的潜能没有完全释放，还可以有更多可能性，想要横出职场，看看自己除了工作还能干点什么，探索自己的边界。如果你是这么想的，建议这么读本书。

- 快速阅读第 1 章的 5 个案例，从中获得启发。
- 细读第 3 章，使用五星分析法，从倾向、核心资源、客户需求、机会和收入结构这 5 个方面扫描尽可能多的副业选项。
- 细读第 4 章"乔哈里视窗与 360 度访谈""被询分析""成就事件分析"3 个小节，挖掘自己想要的东西。

建议阅读时留意自己的念头，随时记录自己的想法，它们很可能会发展成一种事业。

第 3 种典型场景：创造被动收入，走向自由。

如果你觉得为了一份薪水，要承受各种各样的限制，比如朝九晚五的工作、固定地点工作、打卡，被安排工作，有事需请假，被迫加班，被评估绩效，哪怕不合理也要服从领导安排，无法选择做自己喜欢的事，很难拒绝自己不喜欢的事，等等，有强烈的被束缚感、被控制感，想要创造像利息、房租、股票分红这种不用劳动（或者只需很少劳动）也有的收入，构建"工作收入＋被动收入"组合，远离经济恐惧和沮丧，实现自我支配，走向自由，那建议你按以下方法阅读本书。

- 阅读第 3 章"从被动收入渠道中倒推副业"这一小节，了解事业生钱和钱生钱两种被动收入模式，琢磨你可以构建哪些事业生钱渠道，比如图书、软件产品、广告位、企业、专利等。
- 查阅"本书引用的副业案例"索引，阅读安晓辉、彭小六、Qt 侠、黄金进、张晓衡、程序员小灰、纯洁的微笑等人的案例，他们都创造了事业生钱这种被动收入渠道。
- 阅读第 8 章，学习如何管理你的财富，根据家庭财富管理金字塔，合理配置资产，让钱生钱。

如果你挖掘出了若干种可以带来被动收入的事业，可以继续阅读第 4 章和第 5 章，选出一种适合你当下状况的事业，规划出路线图并开始行动。

- 重点阅读第 3 章"资源的 8 种变现模式"，从现有资源出发，快速定位副业方向，快速落地行动，尽早打造出新的收入渠道。
- 仔细阅读第 9 章"扇形收入图的两种典型用法"，挖掘自己的核心能力，规划新的收入渠道。
- 快速阅读第 6 章，从十八般"武器"中选择适合自己的，打造支撑持续行动的硬核工具箱，助力自己坚持行动，做出成绩。
- 认真研究第 8 章，找到适合你的理财方式，争取从现在开始，规划理财和投资，让钱滚动起来。

第 4 种典型场景：了解别人都是怎么做副业的，寻找灵感。

此时你可能没有明确的目标，仅仅有一团朦胧的想法，你对别人在做什么很感兴趣。直觉告诉你，看看别人的副业经历，可能会激发你的灵感。

此时建议你作如下阅读。

- 快速扫读本书副业案例索引表，找到你感兴趣的案例，跳到相应章节阅读。
- 快速扫读序章中的"我的副业经历"。
- 快速扫读第 1 章的 5 个完整案例。
- 快速扫读第 2 章的 3 个完整案例。

请拿一支笔，想到什么就随手记在书页空白处。因为对此时的你来讲，读到的案例是次要的，你随之而生的想法才是重要的。

第 5 种典型场景：想找找自己适合做什么副业。

假如你因为渴望更多可能性，工作遇到瓶颈或期待转型，明确知道自己想要探索副业，但一时之间又找不到具体方向，那我建议你作如下阅读。

- 快速扫读本书副业案例索引表，找到与你职业背景相似的案例，跳到相应章节阅读。
- 跳到第 3 章"挖掘尽可能多的副业选项"，先了解五星分析法，然后选择你最感兴趣的那个维度，跳到对应章节阅读。

注意，请用读读停停的方式阅读，读一页或读一个案例，停下来想想自己的情况，抛开所有限制，放飞想象，看看自己能做什么，把你想到的事情，都记录下来。

读完第 3 章后，完成章后的实践内容，整理出你的副业选项清单。

第 6 种典型场景：副业选项很多，难以取舍。

如果你面临很多选项，很难选择，请直接阅读第 4 章，按照它提供的方法，先一一给你的副业选项做快照，然后拔高一个维度，问问自己最看重什么副业特质，用它们筛选出一个副业选项清单。假如这个清单里还有好几个选项，那可以再使用 360 度访谈、被询分析、成就事件等方法进行自我分析，挑出 3 件你擅长的事情、3 种你想持续发展或培养的技能、3 个你愿意投身的行业或领域，根据它们再次筛选副业清单，缩小范围。经过这一步，如果还有较多选项，那就做一次可行性分析，使用《副业机会评估表》，找到得分最高的选项，从它开始尝试。

第 7 种典型场景：有想法但不知道怎么落地执行。

假如你有一个想法，比如写一本技术图书、运营公众号，但不知道怎么一步步做下去，把它们发展为你的收入渠道，那可以按如下方法阅读本书。

- 先阅读第 5 章第 1 节，用 SMART 法则清晰定义目标。
- 然后阅读第 5 章第 2 节，掌握生涯人物访谈的方法。

接下来你就可以放下书本，先准备必要的背景信息，然后通过自己的人际关系或者"在行 APP"这样的平台，找到在你想从事的目标领域中有成功经验的人，通过事先拟定的访谈清单，搜集关键信息。

拿到信息后，再回来阅读第 5 章第 3 节，使用倒推法规划自己的里程碑，同时也可以参考第 6 章的愿景板、GPS 方法、阶梯模型等方法，制订可行的计划，将模糊的想法落实到具体的行动上。

第 8 种典型场景：已经在做副业，但产生自我怀疑，感到副业无法持续下去。

如果你已经在做副业，但遇到了各种状况，陷入自我怀疑，感到无法持续下去，建议你按照下面的方法阅读。

- 直接翻开第 6 章第 2 节，判断自己处在副业执行 7 阶段中的哪一个阶段。
- 跳到第 6 章第 1 节，根据自己的副业执行阶段，定位对应的十八般"武器"，跳到对应小节阅读，找到适合自己的"武器"，帮助自己做下去。

如果你发现各种"武器"都不适合自己，那么建议你回到第 4 章，按照第 4 章提供的方法，给你的副业做一次快照，分析一下它是否包含你比较看重的 3 种副业特质，再分析一下它是否与你的性格、行为风格、兴趣、技能等匹配，最后再评估它当下的可行性。

经过这样几重分析，如果你确定当前副业不适合自己，那么可以回到第 6 种场景——想找找自己适合做什么副业，按照该场景提供的方法再次阅读本书。如果你确定当前副业是适合自己的，那你需要回到第 1 章，想想看自己为什么做副业，看是否动机不足或缺乏意义引发的自我怀疑。

除了扫读目录选择性阅读和上面 8 种典型场景对应的读法这 10 种快速使用本书的方法，还有如下一些读法。

- 从头到尾阅读本书，遵循 SEGAR 模型，找到你的副业选项，并设计出行动方案。
- 阅读第 9 章，学会扇形收入图的画法和两种典型用法，每年绘制两份扇形收入图，规划收入渠道，观察自己的变化。

我们更期待你找出自己的读法和做法。现在，请开始吧！

第 1 章　目的：明确你为了什么做副业 / 001

案例：IT 主管彭小六榨干业余时间华丽转身知识 IP / 002

案例：程序员 Qt 侠销售自定义界面组件月入 3 万元 / 007

案例：影音娱乐系统设计师爱上了纹身设计 / 010

案例：游泳圈身材的宝妈变身 S 形体的瑜伽老师 / 012

案例：弗兰克上班之余教人写作，找到自我价值 / 018

实践：你想从副业中求什么 / 020

第 2 章　时机：找到起航的那一刻 / 022

三花聚顶法：检测职场健康状况的方便工具 / 023

案例：收入提升无望的本超做起了课程分销 / 025

案例：担心自己贬值的肥 zao 选择业余做儿童礼仪培训 / 027

案例：质量主管汤小小把一个 PPT 能力变成了两个兼职 / 028

实践：用三花聚顶法分析你的现状 / 031

第 3 章　扫描：挖掘尽可能多的副业选项 / 032

五星分析法：扫描副业的 5 个维度 / 033

维度 1：从个人倾向到副业可能性 / 035

如何找到与兴趣关联的副业？ / 035

怎样从榜样身上挖掘潜藏的副业选项？ / 040

用霍兰德职业兴趣测评发现你意想不到的方向　/ 041

用 DISC 分析自己的行为风格，发现适合自己的副业方向　/ 047

实践：分析你的个人倾向，找到副业选项　/ 052

维度 2：资源的 8 种变现模式　/ 053

教别人学知识、学技能　/ 053

帮别人做事情　/ 054

给别人建议　/ 055

开发自己的产品　/ 056

中介模式　/ 057

信息差　/ 058

渠道　/ 059

会员　/ 060

实践：分析你的个人资源，找到副业选项　/ 061

维度 3：挖掘客户需求定位可提供的服务　/ 062

你被咨询的问题就是需求　/ 062

抱怨和不满背后有未被满足的需求　/ 063

实践：洞察身边的需求，找到满足它们的服务或产品　/ 065

维度 4：捕捉身边的各种机会　/ 065

行业趋势与社会小趋势　/ 065

日常生活中隐藏的契机　/ 068

实践：分析机会，找到副业选项　/ 071

维度 5：从被动收入渠道中倒推副业　/ 071

事业生钱　/ 071

钱生钱　/ 074

实践：找到 10 个可以带来被动收入的副业选项　/ 075

实践：完成你的副业选项清单　/ 075

第 4 章　提取：筛选出适合自己的选项 / 076

首先，给副业选项来一张快照 / 077

其次，确定你关心的副业特质，筛选出副业清单 / 082

副业的 46 种特质 / 082

选出最看重的 3 种特质，筛选出副业清单 / 084

接下来，认清自我，过滤副业 / 085

乔哈里视窗与 360 度访谈 / 086

被询分析 / 089

成就事件分析 / 091

过滤副业选项 / 093

最后，给副业做可行性分析，找出要尝试的选项 / 094

生成备选副业清单 / 094

副业可行性分析第 1 步——副业难度 5 因子 / 095

副业可行性分析第 2 步——胜任度分析 / 097

简便的可行性分析方法——对标法 / 101

第 5 章　规划：找到自己的副业路线图 / 102

用 SMART 原则定义副业目标 / 103

通过生涯人物访谈搜集关键信息 / 109

用倒推法完成里程碑规划 / 118

第 6 章　行动：持续实践成就副业 / 123

持续行动的十八般“武器” / 124

愿景板 / 125

阶梯模型 / 128

GPS 法 / 130

成功日记 / 132

检视三问 / 133

时间日志 / 135

极度容易 / 138

串行工作法 / 140

伙伴机制 / 142

起而行之 / 144

有效的奖励 / 147

个人看板 / 149

导师 / 153

预测未来 / 157

庆祝仪式 / 161

有效反馈 / 163

提升重要性 / 165

ABCDE 模型 / 167

经营副业的 7 个阶段 / 170

阶段 1：观望 / 170

阶段 2：三分钟热度 / 171

阶段 3：坚持有方 / 172

阶段 4：自我怀疑 / 172

阶段 5：冰火交织 / 172

阶段 6：安营扎寨 / 173

阶段 7：衰退 / 173

针对不同阶段选用不同的"武器"组合 / 174

实践：根据你的阶段选出适合你的"武器" / 178

副业赚钱之道　从 0 到 1 打造多元化收入

第 7 章　复盘：改进执行，校验方向，提升成功概率 / 179

为什么要复盘？ / 180

什么时候复盘？ / 183

使用复盘饼图工具快速复盘 / 184

第 8 章　理财：打理你的收入，让钱生钱 / 190

家庭财富管理金字塔 / 191

先谈谈家庭生活的财务基石 / 192

　　你会买保险吗？ / 193

　　菜钱也要打理好 / 196

再说家庭资产的保值增值 / 197

　　家庭小类资产的保值增值 / 197

　　家庭大类资产的保值增值 / 201

3 点重要的理财提示 / 202

　　孩子的教育定投要坚持，中途不要挪用！ / 202

　　财富管理自下而上，先求稳，再搏快速增值！ / 202

　　慎用手机管理财富，免遭重大损失！ / 203

第 9 章　进阶：统合职场、副业、理财，打造扇形收入 / 204

扇形收入理论 / 206

如何修炼扇形收入？ / 209

　　我的扇形收入打造过程 / 209

　　使用 SEGAR 模型构建扇形收入的流程 / 214

扇形收入图的两种典型用法 / 216

　　4 步挖掘核心能力 / 217

5 步规划并落地新的收入结构　/　220

扇形收入图集　/　223

实践：绘制你的扇形收入图，引领自己成长　/　225

致谢　/　227

副业赚钱之道　从 0 到 1 打造多元化收入

下表是本书引用的所有副业案例索引。

表 0-1　本书引用的副业案例

编号	人物	主业	副业	页码
1	安晓辉	软件开发工程师	写作 / 网络课程 / 生涯咨询 / 问答	前言
2	彭小六	IT 主管	图书写作 / 阅读 / 读书会	P002
3	Qt 侠	软件开发工程师	自定义界面组件开发与销售	P007
4	世正	影音娱乐系统设计师	纹身设计师	P010
5	谷子	企划公司活动策划	瑜伽老师	P012
6	弗兰克	外企项目经理	写作 / 写作教学	P018
7	本超	英语教育机构学习规划师	网络课程分销	P025
8	肥 zao	景区工作者	儿童礼仪培训师	P027
9	汤小小	航空公司质量管理主任	PPT 设计 / 新媒体美工	P028
10	晓风	威士忌酒吧馆主	生涯规划师	P038
11	顾先生	公有云产品经理	二手车评估	P038
12	黄金进	软件开发工程师	技术类视频课程开发	P053
13	老黄	硬件工程师	PCB Layout 设计	P054
14	程涛	广电媒体财经主持人	家庭理财规划咨询 / 房产投资咨询	P055
15	菁妈	母婴类公司营养讲师	育儿问答	P055
16	张晓衡	游戏开发工程师	开发 Cocos Creator 付费插件	P056
17	郑昊	NGO 组织区域总监	组局者 / 私董会 / 社群	P057
18	程序员小灰	软件开发工程师	技术自媒体	P060

编号	人物	主业	副业	页码
19	莫雨竹	大学旅游管理副教授	中小型家庭教育机构管理咨询顾问	P062
20	子木	能源行业职能部门工作者	爱·See 亲子成长社群	P063
21	路桑	集成电路设计工程师	客座教授 / 技术图书 / 芯片验证培训	P066
22	Peter 魏	大学实验课老师	同城快递骑手	P068
23	帆	财务数据分析	保险代理人	P070
24	高先生	运维工程师	配饰电商	P072
25	Lei	三甲医院医生	运营推广	P088
26	岳女士	航空技术维修公司人事主管	育儿类家长课程	P089
27	牛勃元	快时尚女装公司培训经理	团队建设培训	P097
28	潘飞	生涯教育公司区域经理	无痕内衣销售	P099
29	纯洁的微笑	第三方支付公司研发副总	技术自媒体 / 知识星球 / 在线课程	P115
30	玉小姐	三线城市高中英语教师	生涯规划师 / 青少年生涯导师	P126
31	代码GG	安卓系统开发工程师	GitChat 付费文章 / 知识星球	P138
32	可可	通信行业行政人事主管	美容院合伙人	P154

第 *1* 章

目的：

明确你为了什么做副业

我身边有许许多多做副业的人，每个人都因为副业发生了很大变化，每个人的变化也都不尽相同，就让我们从副业可以给我们带来什么可能性说起吧。

案例：IT主管彭小六榨干业余时间华丽转身知识IP

在《颠覆平庸：如何成为领先的少数人》这本书的封面上，"彭小六 著"这行字上面印了更大、更显眼的6个字——"简书头牌红人"，这是彭小六曾经的标签。现在的彭小六是洋葱阅读法的创始人，致力于推广阅读，开发了洋葱阅读课，出版了《洋葱阅读法》。他说："我希望到了100岁的时候，我依旧在推广阅读。"但在最开始，彭小六一毕业参加工作的时候，他是一名程序员。

2006年，彭小六大学毕业，做了程序员。

2011年，彭小六第1次买房子，首付30万元是父亲东拼西凑给借的。那个时候，彭小六工资到手6000元，房贷3500元，房租1000元，水电网费、伙食费加上各种琐碎的生活支出，一个月工资只剩几百元钱。最难的时候，早上买包子，菜包子1.2元，肉包子1.5元，就差3毛钱，他都要纠结一下。

为了活下去，彭小六选择了做IT培训，周末去南京的高校做辅导老师，3个礼拜可以赚到1500元，路费、住宿费自理。彭小六找学校申请了职工宿舍，自己买了张草席，一个水桶，两个衣架，就入住了。

那是彭小六第1次开始利用业余时间赚钱，他从不善言辞的IT男变成了可以连续讲4个小时的培训师。然而后来他还是没扛住房贷的压力，把房子卖掉了。

卖掉房子后，彭小六去了北京一家IT公司的研发部门工作。干了一年，他加了一年班，身体累垮了。

2013年，彭小六之前的领导出来创业，他跟着出来，到镇江这个小城市做IT主管。作为曾经北漂过的程序员，每晚满怀愧疚下班赶最后一趟地铁的日子忽然就没了，生活节奏从一线城市的996，立马变成了三线城市的朝九晚五。各种各样的线下交流活动，培训、讲座、展览、演出等，都没有了，精神追求直线下滑。彭小六开始怀念北京的日子——人才汹涌的中关村，彻夜灯火通明的研发大楼，凌晨下班去吃烧烤的小伙伴……

生活在三线城市和一线城市，视野、见识等差别相当大，天长日久，同样基础的两个人的能力和能量的差异也是天上地下。

彭小六开始为要不要重新回到大城市而挣扎，挣扎了半年多，他决定留下来，一边朝九晚五地上班，一边利用业余时间来学习，提升自己的核心竞争力。

从"网易云课堂"、微博大V的技术长文，到"罗辑思维""十点读书会""拆书帮""行动派"等各种学习型社群的线上QQ群和微信群，他都不放过。

线上学习让彭小六在信息新鲜度上和在一线城市的人保持了一致，但实践型的学习和人际关系的扩展还得靠线下。于是他开始利用沪宁高铁线，构造他的两小时生活圈。每个周末，他都会一早出发去另一个城市，参加各种社团活动、读书会、培训、周末创业活动等。一个月的高铁费加公交费就是好几千，但他为了学习和成长，就这样在上海、苏州、南京、无锡等城市之间来回奔走了一年。这一时期，虽然花费了大量的时间和金钱，但彭小六成功地将自己的信息和知识跟上一线城市的节奏，并且在学习的过程中，他和大量社群、大咖建立了连接。

2014年11月，彭小六第1次参加拆书帮在苏州的活动，从此开始了和一群人一起读书的旅程。

拆书帮的活动要求彭小六必须结合书本内容去和大家分享经验和观点，他必须要现场做展示，内容、流程、接受评价、事后复盘，这些都得做。为了表现得好一点，彭小六只能在家里做好充分的准备。拆书帮就这样改变了彭小六的学习方式。

2015 年 1 月，彭小六给自己制订了一个年度计划：完成"一周一本书"，坚持 30 周。他计划每周读一本书，写一篇 800 字以上的书评发布到"简书"。

2015 年 1 月 30 日，彭小六开始在简书上写自己的第一篇文章《一周一本书 -01-< 游戏改变世界 >-Jane McGonigal》。这篇文章获得了 261 次点击，2 个点评，1 个喜欢。4 月 27 日，《一周一本书 -24-< 非暴力沟通 >》这篇文章获得突破，阅读量飙升近 3 000。

在这段读书写作的时间里，彭小六逼迫自己养成了早上 5 点起床的习惯。他的基本做法是：一开始定为 6 点起床，坚持一周，然后将起床时间往前调半小时，再适应一周，接着继续往前调。他还用了如下一些辅助的方法帮助自己。

- 设置 3 个闹钟。一个使用智能手环，震动唤醒；一个使用手机，用轻柔的音乐慢慢唤醒；一个使用平板，用炸裂的闹铃粗暴吵醒。
- 建立起床后的"仪式习惯"，让自己的身体苏醒。他的仪式习惯由一系列的小活动组成，包括刷牙、喝水、给他的猫猫六一换水换猫粮、使用 KEEP 锻炼 7 分钟等。
- 午休 15 ～ 30 分钟，恢复精神。
- 用早起倒逼早睡。

2015 年 6 月，彭小六参加了十点读书会并和知识管理专家战隼老师联合发起了"100 天阅读训练营"。这是他第 1 次参加习惯养成类的社群活动。第 1 天，他在朋友圈写下了一个问题："100 天，我能存活下来吗？"

他经历了很多次坚持不下去的状况，怕中途退出丢人，就咬牙坚持。他在 100 天阅读过程中结合拆书帮的便签阅读法，开始了阅读能力的训练，包括快速阅读、精读、主题阅读，他的各种阅读技能都获得了提升。最后的效果是：100 天的时间，让他学会了使用不同的方法学习不同的书籍。

彭小六在《普通人如何找到自己的一技之长，并靠它赚到钱？》这篇文章中提到，他选择阅读作为自己第 2 职业的"一技之长"，是因为他从小就喜欢读书，小时候的作文还得到过老师的认可。

2015 年 9 月，还在参加 100 天阅读训练营的彭小六，正式开始在简书上写干货类文章。一开始他写得很痛苦，常常是手摸上了键盘，却敲不出字来，输入像挤牙膏一样稀稀拉拉。没有好的办法，只有"持续写，不要停"。他研究优秀作品，模仿优秀作品，根据读者点评修正错误，开启了新手成长之路。

2015年9月10日，《如何用30分钟读懂一本书》这篇文章的阅读量破万，点赞量过千。这是彭小六第1篇阅读破万的爆文。

2015年9月16日，彭小六写出了第1篇阅读量超过10万的文章——《别学东西了，先建立自己的知识体系吧》，点赞量超过9 000。

彭小六在简书杀出了干货写作这条路，文章频繁上首页，迅速获得了大量关注，成为了简书红人。同时，文章获得的打赏也大幅提升。在2016年10月9日的文章《我的自媒体创业路线》中，彭小六提到，他在简书写文章获得的赞赏，从原来的每个月200元，提升到了每个月1 000元。也是在这个时期，彭小六还在多个平台做领读，还坚持写书评、写软文、运营公众号……这些渠道的收入，累计起来，一个月超过1万元。

2015年9月26日，100天阅读训练营结束，彭小六开始做大量的线上线下分享。只要有机会，不论有没有报酬，不论报酬多少，他都认真准备，用心分享。在不到一年时间里，他分享了150场，他的分享记录现在无人能破。

彭小六的业余时间，过得格外充实，没有浪费一分钟。

在9月和10月的文章末尾，彭小六都会留这样一句话："我是彭小六。在三线城市生活，白天是上班族，晚上是知识服务工作者。"这句话，简要描述了他那一时期近乎疯狂的生活状态。

2015年10月，彭小六成了简书第1批签约作者。

在这个时候，彭小六构建的两小时生活学习圈不够用了，他开始扩大活动范围，把武汉、北京、深圳等城市都纳进来，他从沪宁线上的"小飞侠"，变成了全国跑的学习和分享大咖。

2015年是彭小六疯狂学习的一年，单单是书，就买了300多本，花费将近万元。其他各式各样的课程、培训，花费更是巨大。

2016年6月，彭小六出版了他的第1本书《让未来现在到来》，获得了拆书帮创始人赵周、行动派创始人琦琦、简书CEO简叔、结构思考力学院创始人李忠秋、秋叶PPT创始人秋叶、知识管理专家战隼等人的联袂推荐。此时，彭小六之前的努力学习和运营厚积薄发,在社群的帮助下,他在线下举办了多场新书分享会和签售会。越来越多的机会找到他,他开始更频繁地在线下分享与授课。

2016年10月9日,彭小六在公众号内发文,表示自己业余的斜杠收入已经与薪水持平,高峰时能有6位数。

2016年11月初,彭小六准备离职。

2017年1月1日,彭小六正式加盟"行动派",任在线教育总监。

2017年年初,彭小六决定专注做阅读这件事。

2017年2月20日,"梦想早读会"诞生。彭小六每天早上6点,与1 000名早读会学员一起读好书,风雨无阻,坚持了300多天。

2017年3月,彭小六的第2本书《颠覆平庸:如何成为领先的少数人》出版。

2017年6月,彭小六与行动派联合开发的首个国民基础阅读课——洋葱阅读法课程第1期开始运作。洋葱阅读课后来成为百万课程,滚动运作。

2018年6月,彭小六的第3本书《洋葱阅读法》上市,一上市就进入京东新书畅销书榜单。这个时候,彭小六的标签也发生了变化,从原来简书上的"简书签约作者/青年作家/手绘老师/知识管理专家",变成了"梦想早读会发起人/洋葱阅读法创始人/游戏化创新教育专家",新的标签聚焦在阅读和教育方向,彭小六变得更为专注。

2018年8月4日,《洋葱阅读法》首场分享会在深圳科兴科学园举办。

2018年9月到11月,彭小六与西西弗书店联合在全国14城举行了分享会。

2018年12月13日,彭小六同名公众号发文宣布,洋葱读书会认证城市开放申请。彭小六和他的团队,致力于推动全民阅读。

彭小六第1次尝试副业,是在高校做IT培训讲师,动机简单直接——挣钱还房贷,选择逻辑也很干脆——他本身是程序员,辅导别人可以利用既有知识和经验。那时他3个礼拜可以额外多赚1 500元。

第2次尝试副业,彭小六选择了阅读,因为他从小就喜欢读书。周末往返苏州参加拆书帮的活动、参加100天阅读训练营、简书一周一本书写作、书评、领读,他在阅读的路上狂飙突进。借助阅读,他顺利完成了从写拆书文、写书评到写干货文章的转变，在简书人气飙升，成为头牌作家。

在这个过程中，他获得了成长，赚到了钱（经常性月入达6位数），更重要的是，他为自己的职业转型储备了足够多的知识、技能、经验。2016年年底，他辞去了上市公司软件研发部部门经理的工作，加入行动派，任在线教育总监，专注推广阅读和教育。

案例：程序员Qt侠销售自定义界面组件月入3万元

Qt侠是一位漂在上海的程序员，他利用业余时间设计、开发自定义的界面控件和解决方案，帮助有需要的客户降低开发成本。

Qt侠大学毕业后进入上海一家安防领域的公司做程序员，利用C++、Qt等从事安防产品的软件开发工作。

工作4年后，Qt侠发现自己的薪水与一线互联网公司程序员的薪水相差甚远，粗略判断，未来三五年内，也很难有跃迁式上涨的可能。可上海的房价、消费水平，却是一年比一年高，这令他感到压力重重。

研究了同领域及周边领域的一些产品后，Qt侠认为自己所做的GUI开发工作，虽然传统，但在安防、数字工厂等方向需求稳定，所用的Qt技术，虽然小众但优雅强大，被很多公司看好。于是他决定，先花几年时间全面学习Qt技术，达到精通后，研究行业产品，挖掘用户体验方面的痛点，设计易用、好看的GUI组件，帮助行业内的中小厂商开发出用户交互效果更好的产品。

从那时开始，Qt侠把所有的业余时间和精力都投入对Qt技术的钻研上。编程技术需要在电脑上不断调试、实践才能有所提高，有些业务需求的开发，比如视频监控，还需要摄像头、开发板等硬件设备支持，Qt侠自己不具备相应环境，所以只能利用公司的软硬件环境。于是他就在吃过晚饭后返回公司，接着研究技术，设计产品，反复调试，每天都要工作到深夜12点。即便下暴雨，他也会坚持去公司，周六周日也是如此。

　　这样高强度的学习、研究和实践，持续了 4 年多，Qt 侠付出的时间和精力，是常人难以想象的。庆幸的是，这样的付出也有了成效，他设计开发了 145 个 Qt 自定义控件，如图 1-1 所示。

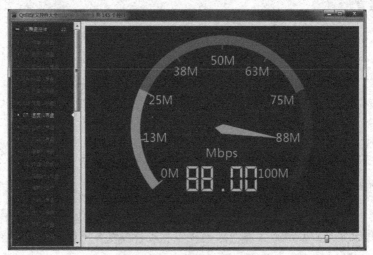

图 1-1　Qt 侠的自定义控件

　　他还设计出了针对安防视频监控、数字化工厂等方向的软件界面解决方案。图 1-2 所示为数字化工厂信息中心的 GUI 方案。

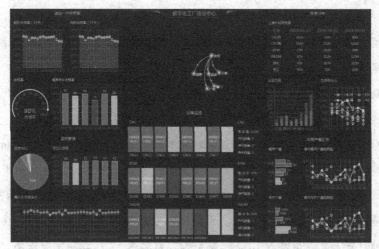

图 1-2　Qt 侠的数字化工厂信息中心的 GUI 方案

由于工作时间的限制和个人性格方面的原因，Qt 侠很难跑到目标企业去推销自己的产品，他最终设计出了主动展示、吸引客户的营销方案。

策略明确后，Qt 侠开始在 CSDN、开源中国、博客园、简书、知乎、今日头条、QTCN 开发网、Qt 开源社区、多多网站等 9 大网站发博客文章和论坛技术贴，通过在示例效果图上添加 QQ 号、文章末尾展示 QQ 号、自定义签名档嵌入 QQ 号等方式来展开营销。

其中，QTCN 开发网是国内 Qt 开发者的聚集地，Qt 侠选择在这里进行重点突破。他坚持每天发帖介绍 Qt 的知识点和应用，并在合适的时候结合自己的控件进行讲解。他还在 QTCN 开源过一百多个项目资源，帖子总阅读量在 2017 年年初超过了 100 万。这对一个小论坛来讲，简直是匪夷所思。Qt 侠也因此成了 QTCN 的头部大 V。现在他还持续在这个论坛上发布帖子，分享经验和知识。

这样的事情做了几个月后，效果慢慢显现出来，有不少人通过 QTCN、CSDN 和知乎这 3 个网站找到他，向他咨询 UI 控件和解决方案，Qt 侠用自己的技术实力和丰富的案例实践收获了不少客户，在线上完成了销售。

因为 Qt 侠的 UI 控件和 GUI 解决方案，做得非常完善并且很实用，可以真正帮助客户缩短开发周期，节省开发成本，不少客户在用过之后，都很认可他的产品，信任他的技术实力和为人，所以会接着购买他的新产品。现在 Qt 侠新产品销售额的 60% 左右都是以这种方式完成的。

现在，Qt 侠依然是一边上班一边从事 Qt 自定义控件和 GUI 方案的产品开发和运营。经过 5 年多的沉淀，他的斜杠事业已经步入正轨，并且和工作相互促进。

Qt 侠是我在出版《Qt on Android 核心编程》等图书的过程中结识的技术好友，也是我的知识星球"副业赚钱"的星友。他结合自己工作中累积的知识、技能和经验，设计了自己独特的产品，利用业余时间开发、销售，一步一个脚印地走出了副业之路。现在 Qt 侠每个月产品销售带来的收入接近 3 万元，已经超过了他的主业收入。

副业不仅给 Qt 侠带来了不菲的收入，帮他在上海站稳了脚跟，同时也提升了他的技术水平，增加了他在本职工作中的竞争优势。

目前在国内 Qt 自定义控件和 GUI 行业解决方案这个方向，Qt 侠遥遥领先，无人能望其项背。

案例：影音娱乐系统设计师爱上了纹身设计

世正在西安一家影音娱乐系统集成公司做多功能影音娱乐系统设计师。工作十来年，他从普通员工做到中层，到高管，到股东，目前负责市场、渠道和对公项目。他的副业比较特别——帮人做纹身设计。

世正大概六七岁的时候，从电影里看到纹身，觉得很漂亮，就一发不可收地喜欢上了纹身。

到 16 岁时，世正给自己做了第 1 个纹身，他对纹身愈发热爱，也因此结识了做纹身师的朋友。

工作后，世正一有空就研究纹身和纹身设计，并养成了习惯，坚持每天花费 1 到 1 个半小时看各种各样风格的纹身设计图，看有没有很新颖的概念。纹身看得多了，时间久了，他就产生了一些自己的想法，慢慢形成了自己对纹身的丰富认识和看法。

世正身边有一些朋友看到他的纹身，感到好奇，就和他一起聊纹身。还有的朋友和世正一样比较喜欢纹身，大家没事儿就一起聊，就像有的人聊音乐、有的人聊电影、有的人聊军事那样，当一种爱好来聊。世正在纹身方面积累了丰富的知识，看过很多很多设计，能够为想做纹身的朋友就他们喜欢的方向给出一些恰到好处的建议。身边的朋友要做纹身，都会拉上世正当参谋。世正的朋友们对于纹身的图案、色彩、样式等，多数是抱有一种朦朦胧胧的感觉，不能很清楚地表述给纹身师，而世正因为看的图比较多，可以很精准地让纹身师理解这些朋友想要的感觉，他就充当了想做纹身的朋友和纹身师之间沟通的桥梁。

事情这样发展了一段时间，后来慢慢地就演变成了这样：朋友或熟人描述自己的感觉，提供一些特别的人生经历、生活中有特别感受的点，或者提供一些对他们有特殊意义的东西、他们对人生的理解、他们对美的追求、他们的哲学观，世正根据这些，慢慢地和他们一起进行纹身设计，一步一步给他们设计适合他们的图案。

世正就这样变成了纹身设计师。

作为纹身设计师的世正，其客户几乎全部来源于朋友介绍或客户转介绍，他从未撺掇过别人去做纹身。因为如果一个人不是真心想纹身，就存在反悔的可能，而纹身却是不可逆的过程，对皮肤的改变是永久性的。一旦纹身，就没办法改变。要改，只能覆盖，还特别麻烦。基于此点，他给人做纹身设计特别认真、细致、挑剔，从概念的设计，到出图，再到定稿，会经历很长的时间。即便定稿了，他还会把设计闲置上一两个月再拿出来和客户聊，因为他要确定一件事情：这个图客户确定愿意做到自己身上，并且不反悔。

为了保证纹身设计图的确定性和完美效果，世正对合作的纹身师也是精挑细选。和他合作的纹身师，一位是50后，一位是70后，两位纹身师从事纹身这一行都很久了，从1998年到现在，一直在做纹身这一件事。他们经验丰富，手艺超群，做什么样的图案都没有问题。这两位纹身师还应邀去人民大会堂参加过行业内的会议，现在其中一位是陕西纹身协会的副会长。

因为这种客户至上、追求完美、认真细致的作风，世正不仅受到客户的信赖，与他合作的纹身师也特别信赖他，他们之间建立了亦兄亦友的亲密关系。世正现在是两家纹身店的合伙人，一家在骡马市，一家在菊花园。两家店风格不一样，一家偏日式和中式风格，纹身师擅长日式老传统纹身和中式新传统纹身；另一家偏欧美风，纹身师擅长欧美老传统（Old School）纹身和欧美新风格（New School）纹身。

世正很好地处理了纹身设计和影音娱乐系统设计之间的关系，两者在时间上几乎没有任何冲突。因为他现在已经是公司的管理层，负责公司的市场和销售部分，不用打卡，时间相对自由，基本上是随时工作的状态。加上他特别能和人聊天，影音也是他的爱好。当他和做纹身的朋友聊纹身，这些朋友需要影音方面的建议时，他就切换过去聊影音，甚至因此还发展了一些影音客户。反过来，他和找他做影音系统的朋友聊天，有时也能聊到纹身上去。

世正喜欢传统文化，喜欢所有与艺术相关的东西，有一双挑剔的眼睛，能够从不同角度发现和解读美。纹身设计是他的爱好，影音也是他的爱好，两个爱好都变成了他喜欢的工作，他对此特别满意。

纹身这个爱好，在世正这里，六七岁就已经确定，直到现在几乎没有变化。这是很罕见的事情——大部分人小时候有很多兴趣爱好，随着年龄的增长不断发生变化，最终也失去自己最初的爱好了。

这种爱好的确定性和长期性，和世正的主动尝试、持续学习是密不可分的。

世正一开始从电影里看到纹身，觉得漂亮被吸引，产生了感官兴趣。这就是兴趣的起源和第 1 阶段。

接下来世正开始主动了解纹身，在 16 岁时尝试着做了一次纹身，有了更好的体验。再接下来，他主动搜集与纹身相关的信息、知识和图案设计，把感官的兴趣转换为认知和逻辑层面的乐趣。这样，他对纹身的兴趣，就进入了兴趣的第 2 个阶段——乐趣。

再后来他帮朋友和纹身师沟通，感受到自己的专业和价值，更有意愿和动力把纹身设计这件事做精做深，最终成为专业的纹身设计师。这时他对纹身的兴趣，就发展到兴趣的第 3 个阶段——志趣，即有志于并致力于把最初的感官兴趣变成自己长期从事的事业。

我们可以看到，纹身设计这个副业，让世正和朋友之间多了许多谈资，也进一步让他认识了更多朋友，他的生活也因此更为丰富、有趣。当然，他也多了一些斜杠收入。

案例：游泳圈身材的宝妈变身 S 形体的瑜伽老师

谷子生活在成都，一人分饰三角：5 岁的葫芦妹妹的妈妈，一家企划公司的创始人，最受欢迎的瑜伽私教课老师。其中，瑜伽老师是谷子千辛万苦修来的副业。

2012 年 5 月，谷子在双流机场附近的空港国际城开了一家 15 平方米的首饰店，只卖独款首饰。店里没有网络，没客人的时候，谷子就看各式各样的书，这些书包括心理学的、运动健身的、销售类的，还有小说，她抓紧时间给自己补充各种知识。在外人看来，谷子是一个身材高挑、容貌秀丽并且身上散发着浓浓文艺气息的时尚店主。她对自己的形象和气质也特别珍视。

首饰店培养了谷子的销售能力，也给谷子带来了稳定的收入。几年的经营，让她有能力买房买车，过上体面的生活。

2014 年 12 月 17 日，谷子的女儿葫芦妹妹出生。生完孩子后，谷子的身材发福走形，肚子上像戴了两个游泳圈。身高 165 厘米的谷子，体重却有 150 斤。特别重视身材的谷子因此变得郁郁寡欢，弹了 6 年的钢琴也不再碰了，对世界的态度变得消极，整个人陷入一种低迷状态。首饰店她也无心打理，交给别人代管。

在这个时候，一位一年没有联系的朋友，忽然来看望她。看到这位好友，谷子惊呆了。同龄的好友，身材曼妙，曲线玲珑，举手投足间有一种让谷子说不出来却又心向往之的气质，既有禅静的韵味，又生机勃发。

谷子就问这位朋友是怎么成为这样的，朋友说，她在过去的一年接受了瑜伽训练，现在是一位瑜伽老师了。

谷子问："我可以试试吗？"

朋友说："可以。"

就这样，谷子通过朋友介绍进入了一家瑜伽培训机构，开始练习瑜伽。

经过两年的瑜伽学习和训练，谷子的身材慢慢恢复如初，她也爱上了瑜伽。

2017 年年初，谷子下定决心要成为瑜伽老师。

谷子的家人和老公都非常支持她，老人帮忙带刚满两岁的孩子，老公努力工作赚钱。

到北京参加培训时，谷子才知道，当瑜伽老师并不是想象中那么简单。50个人参加培训，最终只有 10 个人能做教练，甚至 10 个都不到。

难度并不仅仅是比例上的，训练也非常辛苦。

集训为期 3 个月。刚开始时，每天从早上 9 点到下午 5 点 30 分，都是高强度的体能训练，挑战学员的极限，学员只有对自己足够狠，才有可能坚持下来。

除了体能训练，还有开韧带、开髋、开肩、后弯这些基础训练。它们的挑战，比体能训练还大。

一天的训练下来，骨骼疼痛，关节肌肉灼热，走楼梯腿直发抖，谷子必须凭着意志力才能回到住处。

谷子每天都要在厕所哭一次，因为实在是太疼了，身上的肌肤，碰到就痛，连呼吸时都会疼痛。有不少学员因为受不了这种身体上的疼痛而选择放弃，或者偷偷地放松对自己的训练要求。而谷子要求自己必须高质量地完成体能训练和各种体势，再苦再疼也不能放弃。

好在谷子小时候进行过系统的田径训练，9 岁到 12 岁时她是长跑运动员，参加市里的运动集训，每天早上跑 5 千米，她在前面跑，教练骑着摩托在后面追。3 年的田径训练，锻炼了谷子的耐力、韧性和毅力。这种小时候练就的坚强品质和肌肉记忆，在最困难的时候从谷子的身体里苏醒，给予了谷子强有力的支撑，帮助她咬牙坚持，顶住了高强度和高难度的瑜伽培训。最后，虽然她是整个班里哭得最多的，却也是各种姿势完成得最好的。

除了身体上的训练，知识上的学习也是一种挑战。瑜伽本身的知识体系，包括流派、体势等，还有医学、营养、身体结构、艺术、沟通、心理学、授课技巧等各方面的知识组合在一起，非常繁多。

所以想要成为一名专业的瑜伽老师，必须足够努力才能通过各种训练。

2017 年 5 月，谷子取得高级瑜伽老师认证。8 月 30 日，谷子顺利拿到了证书，打通了成为瑜伽老师的第 1 关。

然而这只是开始，接下来还有两关。

- 找到一家瑜伽馆聘用自己做教练。
- 上课。

完成了瑜伽培训，拿到了瑜伽老师资格证书，并不表示你就能够进行公开授课。这里有一道鸿沟：很多人自己可以熟练地完成各种体势，却无法教会别人，甚至在教别人时会紧张到自己也无法顺利完成规定动作。

谷子的办法是，自己编排课程，每天拉着老公做"小白鼠"，给老公讲，教老公练。她通过这种反复的练习，熟悉教学过程，也克服了教学过程中的紧张感。教会了老公，谷子又找身边的朋友来教，把教学的对象，从老公一个人扩展到一群朋友。

就这样，谷子做足了练习，储备了丰富的上课经验，跨越了上课这道关卡。

所以，当谷子找到一家瑜伽馆应聘教练时，瑜伽馆的馆主和考核她的驻馆老师，都没有发觉她是初出茅庐的新教练。因为谷子表现出来的知识和体势，比她们还要好！

就这样，谷子开始做瑜伽老师，一天上 4 节课，每节课 1 小时，每节课的课时费是 40 元。

为了能更多地上课，谷子打破了其他瑜伽老师"不熟悉的课程不上"的规则，馆长给她安排什么课，她就接什么课，纤体塑形、哈他瑜伽、球瑜伽、流瑜伽，不管什么瑜伽，她都来者不拒。

接到课后，谷子会在家里查资料、看视频、练习各种体势，然后编排课程，拿老公当"小白鼠"来练……总之她会在别人看不到的地方，在正式上课前，把各种知识都记得滚瓜烂熟，把各种体势做到自然流畅，以至于她上课时，学员根本觉察不出来她是第 1 次上这种课。

就这样谷子的课越接越多。不过她发现，这样上课，即便成为驻馆老师，一天上 4 节课，一个月上 25 天，每个月也只能挣到 4 000 元，根本覆盖不了她的生活开支。

于是她关注了一些可以接课的平台，在上面找到了另一家瑜伽馆来代课，一节课 80 元。不过这并不是谷子的终极目标。

在谷子生孩子、学习瑜伽的这段时间，她的首饰店因为长期疏于打理，生意变差，她决定放弃经营，另外寻找新的事业。

2017 年 8 月，谷子和朋友合伙组建了一家企划公司，为政务企业服务，做运营和活动策划。谷子负责活动的策划和落地执行。

谷子在公司的工作，以项目为单位来进行，有项目时投入时间来做，没项目时可以自行安排工作，因此相对自由，副业和主业并不冲突。

2018年5月，企划公司合伙人不和，公司被迫重组，谷子心理上备受打击，公司业务也几近停滞。谷子非常疲惫，情绪和身体都进入低潮。为了不让自己长期陷在低迷状态里，谷子为自己设立了一个新目标：成为航空港附近的顶级瑜伽会馆——莲静瑜伽（化名）的兼职瑜伽老师。

谷子疯狂补充知识并练习，最后成功进入了莲静瑜伽会馆，成为兼职瑜伽老师。她从大课开始教，一节课90元。

馆主的要求非常高，先让谷子一天上1节课来观察，看谷子上课水平很高后，让谷子一天上2节课，后来增加到一天4节课。这样谷子一天可以挣到360元的课时费。

一天360元，这已经是兼职瑜伽老师在一家瑜伽会所可以拿到的最高收入了。但相比瑜伽私教课来讲，这种上大课的收入并不算多。不过在瑜伽领域，一般的瑜伽会所都不会允许兼职教练上私教课——怕他们带走学员。

然而对谷子来讲，并不存在带走学员的问题。因为她的目标并非当驻馆老师，她就是想做兼职老师而已。

馆主经过很长一段时间的观察，认为谷子授课水准较高且稳定，想说服谷子留下来做驻馆教练上私教课。谷子和馆主做了深入全面的沟通，最后达成一致，馆主同意谷子以兼职教练的身份在莲静开私教课！这是前所未有的。

谷子的私教课客户一旦认可了谷子，就开始在莲静办卡，一万一万地充值。（私教课200元一节，50节起购，计1万元。）

馆主看到这个现象后，非常地兴奋，因为从来没有教练能像谷子这样卖课，别的教练都是在利用瑜伽馆的资源。而谷子，居然能为瑜伽馆创造业绩！更夸张的是，只要上过谷子私教课的客户，都会办卡买课。

馆主不知道的是，谷子自从当了瑜伽老师，从未放松过练习，对各种瑜伽体式了如指掌，对各种类型客户的身体结构都熟稔。谷子看到来上私教课的客户的身体表现，就能揣测出客户的情绪状况。这个时候，她就会从身体状况出发，和客户聊几句天，把握客户的情绪和心理，安排合适的练习给客户，客户特别满意。再加上谷子开了5年的店，积攒了丰富的销售经验，不自觉地会用上一些销售技巧，于是卖课就成了顺其自然的事情。

后来谷子专上私教课，最多的时候一天可以上 10 节私教课。她还创造了一个奇迹：上过她私教课的客户，一定会开卡持续上课。这是因为，她会根据学员的特点，循序渐进地设计课程，让学员感觉一天比一天好。

谷子还创造了另一个奇迹：私教课天天上。别的教练的私教课，顶多一周上两次或三次，而她会要求学员天天上。而厉害的是，学员愿意这样做。

这一点非常厉害！学员充值 1 万元，买 50 节课，两个月就上完了，接下来还得充值。这简直让馆主疯狂。

私教课在谷子事业低谷期给了她有力的支撑。她疯狂地上课，只要有学员约，早上 6 点可以上，晚上 10 点也可以上。可以说，只要有课，谷子就不休息。即便是例假期间，她也不休息。

谷子拼命地上课，最多的时候，她一个月上过 100 节私教课，刷新了同行纪录。她就这样用副业的收入，覆盖了家庭的生活成本，走过了公司因重组而遭遇的业务停滞期。

现在，谷子的企划公司业务走上了正轨，她慢慢降低了上私教课的频率，以使二者平衡。

不少女孩在经过瑜伽馆时，都兴起过做瑜伽老师的念头，但没有几个真正把这件事做下来的。而谷子因为偶然的机会接触瑜伽，通过将近两年的练习将产后走样的身材恢复原状，就此爱上瑜伽，产生了做瑜伽老师的想法。之后她毅然参加魔鬼集训，成为瑜伽老师，再用自小练就的韧劲儿，疯狂她学习和练习，成功被聘为瑜伽老师，开始上课。接着她一路拼搏，以兼职身份成为顶级瑜伽会馆的私教课老师。

瑜伽老师这份工作，带给了谷子太多的好处：可以帮助她保持形体和气质，可以赚钱补贴家用，可以拓展人际关系，还帮助她度过了事业低潮期。然而我们也能从她的经历中看到，即便是副业，也需要做到专业，才会有所成就。要知道，客户只看结果，他们可不会因为你是兼职而降低要求。

案例：弗兰克上班之余教人写作，找到自我价值

今年（2019年）37岁的弗兰克是一位新媒体写作老师，2017年通过教人写作赚到了人生第1个100万元，2018年12月出版了《爆款写作课：打造爆文的3个黄金法则》一书。

弗兰克一直在传统制造业做项目管理，从助理项目工程师一直做到了项目经理。他日子过得逍遥自在，周末最常做的事情是关掉手机，背着背包去深圳周边的山里徒步和涉溪，或者带着装备去海边露营和野炊。

2012年，弗兰克30岁，蓦然发现自己在商业社会的竞争力越来越弱。他虽然在外企说着洋气的英语，拿着1.5万左右的工资，可相比身边过得有声有色的同学，自己的生活忽然显得又糟糕又不自在，迷茫和焦虑接踵而至，他忽然开始怀疑这样一眼望到头的工作能干多久，开始忧虑下半辈子该靠什么养活自己。

2013年，一个偶然的机会，弗兰克知道了罗辑思维社群活动，开启了他传统职业经理人的互联网探索之路。

2014年，弗兰克白天在30千米开外的公司做项目经理。下班后，他用项目管理的技能，玩起了社群，希望在社群中寻找机会。

2月，他组织了一场120人的线下霸王餐活动。自卑的他为这次活动取名为"螺丝钉"。

3月，他为一个素不相识的女生策划了一次众筹，帮助她去斐济旅游。

4月，他参与组织拍摄社群电影《青春合伙人》。他负责深圳区域的招商活动，自费打车到广州芬尼克兹总经理办公室，面谈50万元的商业赞助。对方不相信弗兰克他们能把拍电影这事儿办成，拒绝赞助。

从2月到6月，弗兰克连续策划了多次活动，付出了巨大心力，却没有得到他人的认可和感激，他开始感到有些失望，于是他放弃高成本的线下活动，转做线上低成本的公益分享。他给自己的平台起了个很文艺的名字"悦分享悦成长"。然而大部分人只是围观，不愿意参与付出，弗兰克只能用过去的积累，邀请一些大咖做分享，以维持"悦分享悦成长"的存在。

2015年年初，弗兰克的孩子出生，因为忙于家庭琐事，他放弃了成立一年的"悦分享悦成长"，也放弃了活动策划和一切与陌生人相关的线上线下社交活动。

经历2014这一年的实践，弗兰克领悟到一个道理：让自己厉害一点才是王道。

2015年3月，为了做一个让孩子骄傲的父亲，弗兰克从零开始自学写作。3月8日，他写下了33年人生中的第1篇千字长文《为我和我的小孩码字》。

弗兰克在新媒体写作这件事上下足了功夫，对于如何用选题吸引读者，如何用标题吸引读者，如何用第1段话抓住读者的注意力，如何用讲故事、聊天等各种各样的方式打动读者，他都做过深入细致的研究。他还利用新媒体可以快速更迭调整的特性，反复检验自己琢磨出来的方式、方法的有效性。

4月初，弗兰克在微信公众平台写出10篇文章后，接到了微信原创作者邀请，同时弗兰克的文章也获得了赞赏功能。

5月初，弗兰克确定了"2015年写100篇文章"的目标。

7月初，弗兰克的文章收到陌生读者的赞赏支持合计4 000元人民币。

9月初，弗兰克的文章收到陌生读者的赞赏支持合计8 000元人民币。

10月初，弗兰克将写作目标改成"写100篇文章收获1万元"。

2016年除夕，弗兰克放弃观看春节联欢晚会，写完千字长文收获15元赞赏后，完成万元赞赏目标。

2015年，弗兰克白天上班做项目管理，晚上码字，从零开始，写出了30万字。他用写作证明了自己。

2016年年初，弗兰克总结自己的新媒体写作实践经验，决定转换角色，教别人新媒体写作。他通过大量的付费学习，不断看书和培训，跨界整合了很多产品销售、营销和沟通的知识与技能，形成了自己的写作方法论。

2016年4月，弗兰克在公众号发出付费写作教学邀请，承诺不满意退款，招收了135名学员，每位学员学费299元。

2016年5月，弗兰克开始和新媒体公司合作。对方招生，他出内容，然后对着手机讲，一直讲到2017年7月，付费学员超过5 000人。

2017年，弗兰克辞去项目经理一职，全职做自媒体，不到一年时间，收入达到100万元。

弗兰克在而立之年因为焦虑和迷茫，开始通过业余时间探索职场之外的可能性。

一开始他抓住了身边出现的社群创业机会，运用自己在本职工作中锤炼娴熟的项目管理技能玩社群，但失败了。

后来因为孩子出生，弗兰克忽然找到了一个更为强大的动力——做一个让孩子骄傲的父亲。他结合自己的情况，选择了可以独立实践并且能够自主掌控时间和精力投入的写作作为突破口。

最终通过高频度及高强度的用心练习，弗兰克把写作打造成了自己的新名片，在提升自我价值的同时，也赚到了远远超过工资的钱。

实践：你想从副业中求什么

生活在三线小城镇江的彭小六最开始是为了挣钱还房贷而开启副业。后来他卖了房子，从兴趣出发，选择阅读和写作作为自己的副业，奔波在沪宁线上，构造了两小时生活学习圈，不但成功地将自己的信息和知识与在一线城市的人保持一致，还在短短的两年时间内，迅速崛起，成为一线的知识IP（Intellectual Property，知识产权）。他的副业，给他带来每月六位数的额外收入，帮助他顺利完成了从IT行业到教育行业的转型，还让他成了名人。

Qt侠从自身知识、技能出发，挖掘行业需求，专注基于Qt的自定义界面组件和解决方案的开发与销售，获得了超过主业工资的收入，在上海站稳了脚跟，还反向提升了他在本职工作中的竞争力。

影音娱乐系统设计师世正，源于兴趣，把自己塑造成了专业的纹身设计师，不但给自己的生活创造了第2种乐趣，结识了更多朋友，还成了两家纹身店的合伙人，让自己的收入结构更为多样化、更为健康。

谷子通过瑜伽，恢复了产后走样的身材，通过做瑜伽老师，保持住了形体的魅力。同时，瑜伽老师的工作，还帮助她度过了事业低潮期，支撑她度过了那段时间的生活。瑜伽让谷子的身体，精神和事业都获得了滋养。

三十而立的传统制造业项目经理弗兰克，通过写作和教别人写作，重塑了自我价值，让自己变成了令孩子骄傲的父亲，也用短短一年时间，赚到了人生的第 1 个 100 万元。

从这些案例中，我们可以看到，副业好处多多。

- 副业可以带给我们第 2 份收入，重构我们的收入模式，让我们拥有更健康的收入结构，可以更好地应对潜在风险。
- 副业可以作为转型的稳妥策略，帮助我们顺利转换到新的领域、新的职位上。
- 副业能够塑造新的价值点，让我们找到独立于工作角色和组织的新的立足点，增强自信。
- 某些副业可以给我们的身体和精神都带来积极的变化。
- 副业可以丰富生活，给我们更多乐趣。
- 我们可以因为副业接触不同的圈层，看到更多的未来可能性。
- 副业让我们能够换一双鞋子走路，换一双眼睛看待世界，更好的认识和体验世界。

如果你打算做副业，想从其中获得些什么呢？

请仔细想想这个问题，它的答案至关重要。因为，成功的副业者，都有一个或多个特定的原因或激励因素驱使他们踏上开辟第 2 人生的道路。

等你想明白后，请完成下面的清单。

发展副业的目的

1.＿＿＿＿＿＿＿＿＿＿＿＿＿＿＿＿＿＿＿＿＿＿＿＿＿＿＿＿＿

2.＿＿＿＿＿＿＿＿＿＿＿＿＿＿＿＿＿＿＿＿＿＿＿＿＿＿＿＿＿

3.＿＿＿＿＿＿＿＿＿＿＿＿＿＿＿＿＿＿＿＿＿＿＿＿＿＿＿＿＿

 注意 你的目的，不要超过 3 项哦，因为太多等于没有。
使用"为了……"句式，凸显主动性。

第 *2* 章

时机:

找到起航的那一刻

根据目的不同，我们可以把副业分成两类：进取型副业和防守反击型副业。

开展防守反击型副业的人，往往觉得主业还不错，可以继续做下去，同时又预见到不远的将来会有危机发生，于是提前布局，以便将来从容应对。

开展进取型副业的人，其目的不是应对主业的未来危机，而是在于兴趣，他们倾向于主动转型切入新航道，创造完美收入结构、丰富生活等。

不同类型的副业，确定开展时机的策略不同。

在主业进入稳定状态后，进取型副业可随时开启。

防守反击型副业的开展，则应遵循一个基本原则：不要随意开展副业，而应该在主业获得了长足发展并且预判主业将遇到瓶颈，或个人的某种高价值资源进入了变现窗口期时择机开启。如果不遵循这个原则，胡乱去做副业，很可能副业没做好，主业也被荒废了，最终陷入尴尬境地。

现在，假设我们因为挣钱、探索更多可能性、丰富生活、发展兴趣等各种各样的缘由萌发了做副业的想法，那我们该如何选择合适的时机行动起来呢？

我根据自己的副业经验和采访过的近百位副业达人的经历，总结出了一个方法——三花聚顶法，使用它，可以简洁有效地找到属于你自己的反击时刻。

三花聚顶法：检测职场健康状况的方便工具

三花聚顶法，由下列 3 个因素组成。

- 收入见顶。
- 晋升见顶。
- 个人价值提升见顶。

图2-1形象展示了三花聚顶法。

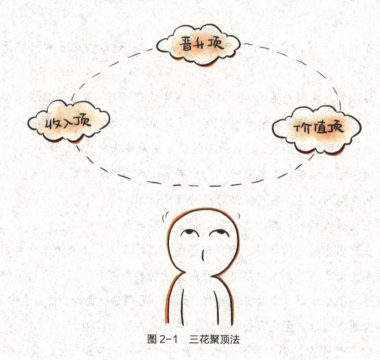

图2-1 三花聚顶法

我们一个一个来简单解释一下。

收入见顶包含3种情况。

1.触及了目前职位的收入天花板，无法再增长。

2.尚未触及职位收入天花板，但停止增长。

3.收入在增长，但预计在较短的未来就可以触及天花板。

注意，我们在评估收入增长时，要剔除收入随着经济发展或社会均值自然增长的部分。比如，2018年M2（广义货币）增速为8.4%，小张的月工资增长了8%，那小张薪水的实际是下降的。

一个职位的收入天花板，一般来讲就是这个职位序列最高位的收入上限。比如某公司的工程师，分为初、中、高3个级别，那高级工程师的收入，就是这家公司工程师职位的收入上限。同样我们在评估这个上限时，也要剔除自然增长部分。比如某公司高级工程师 2017 年的月均薪水为 20 000 元，2018 年的月均薪水为 21 600 元，那实际上，这个职位的月均薪水在剔除自然增长部分后，没有任何增长。

当一名职员晋升到所在职位的最高级时，薪水往往也就碰到了天花板，很难再增长了。这就是收入见顶的第 1 种情况。

收入见顶的第 2 种情况，指的是一名职员并没有晋升到所在职位的最高级别，但收入增长连续多年为负值或接近于 0 。

收入见顶的第 3 种情况是对未来的预判，比如小张现在是中级工程师，已经做了两年，预计再做一年或两年就可以晋升为高级工程师，那他收入见顶的时间点，就在两年内。

晋升见顶很容易理解，指一个人在当前职位序列上短时间内没有晋升的机会。具体原因可能是个人能力问题，也可能是职位序列中没有空位。

个人价值见顶，指个人的知识、技能、经验等，在当前工作环境中不能获得新的发展，处于停滞状态。

当一个人遇到或在很短的未来内就将遇到三花聚顶中的一个或多个顶点时，通常就是其发展副业的最佳时机。

让我们来看几位已经在做副业的朋友的故事，看三花聚顶法在他们身上是怎样应用的。

案例：收入提升无望的本超做起了课程分销

本超工作了两年多，现在在北京一家英语学科教育机构做学习规划师，收入是"底薪＋提成"。本超做的职位底薪不到 3 000 元，提高收入的唯一途径是提成：班级有一个学生续费，他就会拿一定金额的奖金。

一般的月份，本超的收入在 4 000 元左右。生意比较好的月份，他的收入可以达到 7 000～8 000 元。平均下来，他每个月的收入不足 5 000 元。这样的收入，去除房租、水电费、网费、话费、交通费、餐费后所剩无几。本超的生活算是比较窘迫，急需多赚一点钱让自己过得好一些。

他想过晋升，可学习规划师这个岗位，虽然在该培训机构存在了 10 年，却没被设计出任何可以供员工晋升的台阶，晋升这方面完全没空间可言。

本超要想提升收入就只能想办法提高学生续费率，赚更多的提成。于是他做了估算，他负责的大约 150 个学生，如果每年都可以全部续费，他可以拿到 4 万多元的奖金，加上底薪，年薪不会超过 8 万元。8 万元就是他在学习规划师这个职位上的收入天花板。

然而即便本超超级优秀，拿到了 8 万元的收入，作为外地人，想要在北京立足依然很难。所以，他不再指望这条路。

本超还想过跳槽，找收入更高的工作。但他看来看去，能够得着的机会，都是培训机构的学习规划师、班主任、销售等岗位，收入并不会有大幅的提升。

思来想去，本超做出了选择：依然认真负责地做本职工作，但业余时间做点别的事情来挣钱。

有一段时间他刷朋友圈时，总是看到一位朋友推广课程，他就发消息问这位朋友为什么老在朋友圈发这个课程、那个课程。朋友告诉本超，他在分销课程，每卖出一份，可以赚取 15%～30% 的佣金。本超心想，这件事儿不错呀，利用碎片时间就可以做，又不用成本。于是他就让这位朋友带他做。在朋友的辅导下，本超慢慢地学会了怎么写课程营销文案，怎么发朋友圈，怎么发微信群，怎么将课程定向推荐给有需要的人。

本超有两个微信号，将近 6 000 个好友。他的这些很厉害的资源，也给他分销课程带来了巨大助力。2018 年春节之前，本超参与了一个网易的课程分销，发了一条朋友圈，不到 24 小时赚了 2 000 多元，本超当时有种要暴富的感觉，从此开启了副业之路。

刚刚工作了两年多的本超，就遇到了三花聚顶中的两个顶：收入顶和晋升顶。他的收入覆盖不了支出，本职工作的收入天花板一眼可见且不能满足他的期望，再加上一时之间很难找到更高收入的工作，在这种情况下，他开始探索副业。

本超选择开展副业的时机是：预见收入顶很快到来，且短期内无法通过职场上的努力获得突破的那一刻。他带给我们的启示是：有些职业本身收入的天花板较低，跳出职场创造多种收入渠道，是满足日益高涨的生活需求的靠谱选择。

案例：担心自己贬值的肥 zao 选择业余做儿童礼仪培训

肥 zao 是西安一家旅游公司的景区工作者，在楼观台景区上班。楼观台景区筹建时，肥 zao 负责景区前期筹建、解说词撰写、开园仪式及文化节等相关工作。景区正常运营后，她负责大型接待及日常接待的安排、讲解组和观光车队的管理。因工作出色，公司准备提拔肥 zao。考虑到晋升后工作更加繁重，无暇照顾孩子，肥 zao 放弃了晋升机会，选择回到西安离家近的景区。

回到西安后，肥 zao 的工作内容发生了变化，她负责商户管理和商业活动的招商，这些都是她不熟悉的内容，一切都要重新开始，晋升的希望短期内看不到了。

肥 zao 在西安的工作，基本就是转转园区，有活动的时候忙一忙，没活动的时候，就没什么实质性的事情要做，大部分时间工作都处于不饱和状态。

在这样一种状态下工作了半年，肥 zao 感觉自己在知识、技能、经历、人际关系等方面都没什么长进，心里渐渐发起慌来，一个念头频频出现：万一将来离开这个平台，我还能去哪里？我还能做什么？

这个疑惑一旦出现，就再也挥之不去，她越来越担心自己会贬值，越来越担心将来找不到像样的工作。在这种担忧和焦虑的驱使下，肥 zao 决定要好好利用闲暇时间，学习点什么。考虑到学习的内容要能充实自己、提升自己，还要对孩子的成长有帮助，她选择了家长和儿童教育这个方向进行学习。

肥 zao 机缘巧合地了解了"正面管教"，就报名参加了正面管教家长课堂。她排除万难，把一周内唯一的一天假期用于上课，每周都去。正面管教让肥 zao

感到进入了一个以前完全没有接触过的全新世界，她对什么都充满了好奇。

借由正面管教家长课堂，肥 zao 认识了一位刚刚学完儿童礼仪的家长。她对儿童礼仪产生了浓厚的兴趣，于是自己搜集儿童礼仪的相关内容，反复研究学习，最后下了决心，去上海学习国内某儿童礼仪的版权认证课程。

在学习儿童礼仪之前，肥 zao 只想着能好好教自己的孩子就好，还没想到要在这方面做一些商业的事情。但上完一阶的课程之后，肥 zao 深深体会到了儿童礼仪的益处，觉得一定要分享出去，让更多孩子受益，于是她就在工作之余开启了课程分享。

后来肥 zao 接受了几家小学的邀请，担任儿童礼仪讲师，她就这样开启了副业之路。

为了方便照顾孩子，肥 zao 将工作地点从楼观台景区更换到西安市内的景区，短时间内晋升无望。非但如此，工作内容的变化使她的工作一方面不饱和，另一方面缺乏挑战和必要的历练，个人能力无法成长，碰到了三花聚顶中的价值顶。遭遇价值顶后，肥 zao 陷入了"离了此地无处去，留在这里没出息"的尴尬境地。在这个时候，她选择通过学习来破局。参加正面管教课堂给肥 zao 开了一扇窗，让她看到了全新的世界，并且她因此接触到了儿童礼仪。学习了儿童礼仪的版权认证课程后，她在业余时间开启了课程分享，走上了副业之路。

肥 zao 对副业时机的确认，是在个人价值提升见顶引发的担忧无法平息的那段时间。她给我们的启示是：内在价值成长是职场发展的底层逻辑，如果个人价值在工作中只是被消耗，而不能有效提升，那危机早晚会来。这种情况下，跨越职场栏杆，通过副业学习提升，就是突破舒适区的有效策略。

案例：质量主管汤小小把一个 PPT 能力变成了两个兼职

汤小小在一家航空公司做质量管理主任，工作内容主要是做公司的质量管理，规范员工做每一件事的流程，并且监督检查员工有没有按照规定做。她的最典型的工作内容就是飞行员的 SOP（Standard Operating Procedure，标准作业程序），这类似于开车，如第 1 步调整座位，第 2 步系安全带，第 3 步左脚踩离合……这些流程需要全部提前写下来形成文件。

这样的工作做了几年后，汤小小已经驾轻就熟，胜任日常工作毫无压力。但她要想再进一步，晋升为管理角色，可能性却非常小。这主要是因为标准管理部门属于支撑性部门，人员和职位都相对稳定，升职机会本来就不多，只要直接上级干得好好的，下面的人员就不大可能晋升。而且，就算领导调离了，公司也不大会从普通员工中提拔，而是倾向于从别处调新的领导过来。所以，汤小小虽然工作出色，三两年内却也不大可能获得晋升。

简单讲，汤小小遇到了晋升顶。

汤小小是个积极向上的人，眼见职位晋升短期无望，她就努力提升技能，塑造个人亮点。她主动学习 PPT 设计，帮很多人做绩效述职报告时要用的 PPT。汤小小的历任领导需要做 PPT 也都是找她。后来她又主动参加公司的 PPT 设计比赛，获得了第 1 名。这样在公司内，大家就都知道她 PPT 设计得很厉害，给了她一个 "PPT 设计达人" 的标签。慢慢地，汤小小的 PPT 标签被越来越多的朋友知道了。

有一次，有位朋友找到汤小小，说他身边有个朋友想找人做 PPT 设计，问汤小小愿不愿做。这事儿让汤小小犹豫了几天，一是她一开始没想到做兼职，二是她怕没时间做——因为她是个尽职尽责的人，上班时间绝不可能做与工作无关的事情，而下班时间又比较少，有时还要加班。反复琢磨了一阵子之后，汤小小忽然想通了，业余时间接一些 PPT 的单子，一来可以继续打磨自己的 PPT 设计技能，二来也可以培养自己的时间管理能力和项目管理能力。这些通用能力提升上来之后，对她的主业也会有帮助，她很有可能会把主业做得更好，增大晋升的可能。于是汤小小就答应了朋友，完成了第 1 单副业。

有了第 1 单后，后面又有朋友联系她，于是第 2 单、第 3 单慢慢地都来了。但与此同时，汤小小也感受到了做副业最大的挑战——时间管理。

汤小小把和副业相关的事情，都安排在下班时间做。这样遇到加班的时候，就非常辛苦，因为晚上的时间会被主业占去，使得她没时间也没精力做副业的事情。晚上不行，她就想到了早起利用早上的时间。着急的时候，她早上五点就起来做。有时光早起时间还是不够用，她就想到了利用碎片时间。于是她想办法把任务分解开，利用上下班的通勤时间进行收集灵感和思考结构等准备工作，晚上挤出一二十分钟时间把 PPT 结构画成思维导图，这样早上起来就能集中精力填充内容，就可以在规定时间内交稿了。

这种工作方式，无形中提升了汤小小的时间管理能力和任务分解、计划等项目管理能力，反过来真的让汤小小的本职工作变得更有效率。

能力提升后，汤小小觉得自己业余时间还能做更多事情，就报名参加了一个写作社群，学习写作。她每天听完了课程，都争取在课程结束的 10 分钟内做好思维导图抛到微信群里，老师看到了，觉得她的思维导图做得特别好，就问她会不会做美术设计。汤小小琢磨着虽然自己不会 Adobe PhotoShop、Adobe Illustrator 这些专业的图形图像处理软件，但也可以通过 PPT 做出简洁美丽的设计图，于是她就接受了老师的任务，尝试着做了写作社群的全家福和结业证书。后来她就加入了这个团队，负责新媒体的美术设计。

就这样，汤小小的一个 PPT 设计能力，变成了两份兼职工作。这两份工作的实践，让她的 PPT 技能更加娴熟，也让她在帮助领导和同事做述职 PPT 时做得更好，从而促进了她的主业工作的发展。

汤小小在主业遇到晋升顶时，选择了提升 PPT 设计这项在工作中常用到的能力，帮助领导和同事制作 PPT，主动参加公司内的 PPT 设计大赛并获得第 1 名，为自己贴上了"PPT 设计达人"这个标签。当有朋友以商业合作的方式找到她做 PPT 时，汤小小看到，适当地做一些副业可以提升 PPT 设计、时间管理、项目管理等通用能力，能反过来促进主业发展，于是决定开启副业之路。

汤小小选择开展副业的时机是：晋升顶与个人技能变现窗口期的重叠时刻。她带给我们的启示是：晋升顶并不可怕，可以选择通过长期的研究和不计回报的付出给自己贴一个标签，然后机会就会在合适的时候到来。

实践：用三花聚顶法分析你的现状

本超因为收入瓶颈，选择分销在线课程作为自己的副业。

肥 zao 预见到自己的知识、技能等内在价值无法在工作中获得更多提升，担心自己将来离开了当下的平台找不到像样的工作，开始主动学习探索，最终确立了儿童礼仪讲师这个副业。

汤小小在一个人员和职位都比较僵化的环境里工作，很快遇到了晋升顶，她通过努力为自己贴了一个"PPT 设计达人"的标签，迎来了副业机会，也反过来促进了主业的工作发展。

在这 3 个案例中，每个人都对自己的现状做出了评估，对不远的将来做出了预测，给我们提供了很好的参考。

现在，请你用前面介绍的三花聚顶法分析你每个顶可能到来的时间，如表 2-1 所示。

表 2-1　三花聚顶分析

收入顶	
晋升顶	
价值顶	

请先问问自己："我最不能接受的是触碰到哪个顶？"然后看看它是否已经到来（或者在 1 年内会到来）。如果来了，那现在就是筹划副业的好时机；如果没来，那就请从到顶时间倒推 3 年，将其作为你开始筹划副业的窗口期。比如现在是 2019 年 4 月 15 日，你预估自己的收入顶在 2022 年 6 月到来，那2019 年 6 月前后，就是你考虑自己要不要做副业的时候。

第 *3* 章

扫描：

挖掘尽可能多的副业选项

一般我们提到"做副业"都会有一个疑问：做什么？所以，我们就从"做什么"说起，提供一个五星分析法，帮助大家找到尽可能多的副业选项。

五星分析法：扫描副业的 5 个维度

我们可以从如下 5 个不同的维度着手来探寻可能的副业选项。

1. 倾向

倾向又包括很多方面，有比较容易感知和描述的兴趣、榜样、职业，也有较难形象说明的行为风格、性格，还有难以琢磨的价值观等。这些方方面面的倾向中，潜藏了很多副业选项，可以通过特定的方法将它们挖掘出来。

2. 核心资源

在职场摸爬滚打几年后，我们都会掌握一些有价值的资源，比如知识、技能、人际关系、信息、渠道等。这些资源，可以通过一定的形式转化为副业。

3. 客户需求

我们把眼光聚焦在周边的人群身上，发现他们的需求，以特定的服务或产品来满足他们，也会促成副业的诞生。

4. 机会

有时不是我们要做什么，而是某些机会出现，告诉我们可以做什么。我们身边的同事、朋友，我们工作与生活的城市，我们加入的各种社群，都可能把机会带到我们面前。

5. 收入结构

一般的职场人士只有一种收入来源，那就是劳动收入。但实际上，我们身边还存在好几种不同形式的非劳动收入。它们能够重构我们的收入结构，支撑我们更好地生活，比如理财带来的被动收入，具有长半衰期的产品带来的被动收入，企业带来的被动收入。从收入的结构、形式出发，也可以挖掘出各式各样的副业。

这 5 个维度，绘制成图，形若五星，所以我称之为"**五星分析法**"，如图 3-1 所示。

图 3-1　五星分析法

接下来我们将详细介绍每个维度，提供各式各样的挖掘思路、方法和工具，辅助大家找到尽可能多的副业选项。

在这部分大家会看到非常多的副业选项，冲击你的固有思维，你会因此产生疑惑：这么多副业，全都是我做不到的啊。

请不要着急，现在只是我们 SEGAR 模型的第 1 步——扫描（Scan）尽可能多的副业选项。这个步骤只做扫描这件事，不判断扫描到的副业能否实现。因为**所有的做不到，都是特定条件下的做不到，都是现在做不到，不代表条件变化时做不到，也不代表将来做不到。**

所以，一定要注意，千万不要因为自己当下看起来做不到某个职业而忽略掉它。

维度1：从个人倾向到副业可能性

在个人倾向这部分，我们会和大家一起探讨如下几点。

- 如何找到与兴趣关联的副业？
- 怎样从榜样身上挖掘潜藏的副业选项。
- 用霍兰德职业兴趣测评发现你意想不到的方向。
- 用 DISC 分析自己行为的风格，发现适合自己的副业方向。

如何找到与兴趣关联的副业？

第 1 章我们介绍过影音娱乐系统设计师世正，他在大概六七岁的时候，从电影里看到了纹身，觉得很漂亮，就一发不可收拾地喜欢上了纹身。等到 16 岁时他做了第 1 次纹身，对纹身更加热爱，没事就研究纹身图案和纹身设计等，每天都要花上一两个小时在这个兴趣上。直到后来他因此结识到了更多喜欢纹身的朋友，并且帮想做纹身的朋友与纹身师沟通纹身细节，最后成为一名纹身设计师。

世正的副业——纹身设计师，就是由兴趣开拓副业的典型例子。

我们每个人都有自己的兴趣，每一种兴趣中都隐藏着可以让人有所作为的副业。

比如纹身这个兴趣，可以关联到纹身设计师、纹身师、纹身课程讲师、纹身练习皮生产商等职业。

比如读小说这个兴趣，就可以关联到书评人、小说家、编辑、出版商、书店店员、图书经销商、封面设计师、插画作者、美术设计师、图书管理员等职业。

比如看电影这个兴趣，可以关联到影评人、放映员、检票员、院线值班经理、编剧、导演、演员、摄像、动画制作师、剪辑师、灯光师、声优、翻译等职业。

可能你会有疑问：怎样才能找到与兴趣相关的职业呢？

你可以采用下面 3 种方式找到与你感兴趣的物品或事情相关的职业。

1. 从物品或事情中导出知识、技能，根据知识、技能到招聘网站检索。

2. 利用搜索引擎。

3. 请身边的人说出 3 个你感兴趣的物品或事情相关的职业。

如果你觉得这些步骤还是太笼统，我再通过区分你感兴趣的是事情还是物品，来提供一个更详细的分析方法。

事情

你感兴趣的、喜欢做的事情里关联了很多职业，只是我们平常已经习惯了做这件事，不大去琢磨这件事都牵涉到什么环节，用了什么知识、什么技能，与什么人有关，与什么职业有关联。如果你仔细去琢磨，像打游戏、打牌、看电影、读书、逛街、旅游等你喜欢做的事情里，都有很多相关的职业。

下面这些维度可以帮助你去分析一件被你当作兴趣来做的事情，推导出一个职业清单。

1. 事情是什么？

2. 所需物料有哪些？

3. 所需场地是什么？

4. 运营者是谁？

5. 别人怎么做的？

6. 谁以此赚钱？

7. 谁与此相关？

我们用以上维度来分析一下打游戏这件事，其过程和结果如图 3-2 所示。

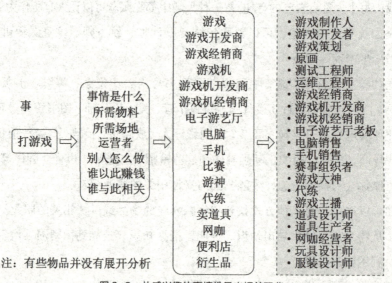

注：有些物品并没有展开分析

图 3-2　从感兴趣的事情推导出相关职业

物品

如果你的兴趣是物品，可以考虑以下几方面。

1.这些物品是从哪里来的（生产或诞生环节）？

2.它们在哪里销售？

3.它们怎样抵达用户手中？

4.它们怎样被使用？

5.与它们相关的有什么场景？

从这个框架出发，你的思维就会被打开，就能看到更多的可能性。

图 3-3 描述了寻找和书相关的职业的过程。

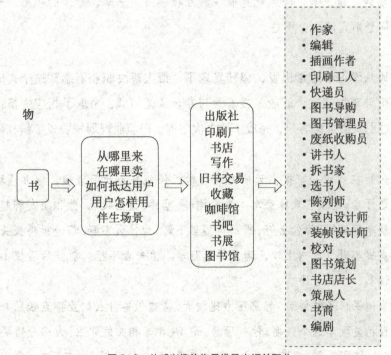

图 3-3　从感兴趣的物品推导出相关职业

现在，我们知道，不管你感兴趣的是事情还是物品，你都可以从它出发，发现若干关联的职业，都有可能将这些职业发展成为你的副业。

晓风是一家威士忌酒吧的馆主，比较注重与人交流，很在意精神世界。4年前的一个偶然机会，晓风接触到了心理学并非常感兴趣，于是他开始学习心理学，陆续考取了叙事咨询师、青少年成长指导、私人心理顾问等证书。

晓风学了3年心理学，后来又通过心理学接触到职业规划，并对此十分感兴趣，而且他发现，职业困惑几乎是身边人们普遍都有的困惑。他就琢磨着，自己是不是可以用心理学和职业规划方面的知识帮人解决职业困惑呢？一番检索后，他发现职业规划是一门技术，要帮人做职业规划，首先需要获得生涯规划师认证。于是他就报了新精英生涯的培训课程，开始学习职业规划，拿到了二级和三级认证。

学完生涯课程后，晓风发了条朋友圈，征集到了第1个客户，完成了第1次生涯咨询。接下来，晓风就抱着一种互相学习、分享、助人的心态，开始在闲暇时间帮别人做职业规划。

晓风从学习心理学出发，辗转发现了"帮人解决职业困惑"这个兴趣，挖掘出了生涯规划师这个职业，接着参与专业认证培训，考取了相应资格证书，然后通过朋友圈征集客户，完成了第1次咨询，把职业规划发展成了斜杠事业。

顾先生在济南一家提供云服务的公司担任公有云产品经理，他喜欢玩车，不仅仅是开车，还很喜欢琢磨车本身的构造、零件、运行状况。他和朋友聊起车来，对于这款车哪里好，为什么好，那款车哪里不好，为什么不好，都分析得头头是道。有的朋友提车时，就叫上他，请他帮着验车。他来者不拒，前前后后帮10多位朋友验过车，广受好评。

后来他买房子结婚后，经济压力比较大，考虑做些什么副业挣点钱贴补家用，就想到自己爱玩车这个兴趣。他一琢磨，造车、卖车相关的职位，大部分需要全职；开车，可以利用滴滴、首汽与平台，但很辛苦，客单价又低；汽车保养，得租场地、买设备、成本高，再说一个人也干不了；维修车，自己现在还不会，也不想做；洗车，不想做。剩下的与车相关的他能做的就是评估了。他想到人人车、瓜子、车置宝等漫天的二手车电商广告，二手车交易看起来是个不小的市场，而二手车出问题的可能性很大，不懂的人很容易买到有毛病的车，吃亏上当，他们急需专业的人帮助评估汽车状况，那么自己可以做相关副业呀。于是他就将目标锁定在了二手车评估这个方向上，系统学习汽车的专业知识，考取二手车鉴定评估师资格证书，然后帮助别人验车，看目标车辆是否是改装车、事故车、泡水车、火烧车等，降低购买二手车的客户的风险。

决定做二手车评估并且拿到二手车鉴定评估师证书后，顾先生就告诉朋友们，自己可以做二手车评估，谁要买二手车，可以找他帮忙验车。没想到，还真有人找他。印象最深的一次，有位朋友请他陪同去外地收车，从验车到过户，一天内办完，然后开车回济南，开了1 600公里，将近24个小时才回到家。

目前顾先生通过朋友介绍、朋友圈、闲鱼、公众号等渠道，承接二手车验车服务邀约。

顾先生说，二手车评估是非常专业的事情，既需要专业知识，又需要丰富的经验，绝不是普通意义上的喜欢就能做的，必须经过大量专业的学习、研究、实践，才可能比较准确地评估出车的状况。他目前虽然已经在做二手车评估，也有资格证书，但评估能力还需要不断提升。

顾先生从"喜欢玩车"这个兴趣出发，挖掘出了二手车评估师这个副业。通过系统学习、考取相应资格证书、免费帮助朋友们验车这一系列的操作，他把兴趣转换成了专业技能。

晓风和顾先生的经历给我们的启发是：如果愿意付出精力去学习研究，兴趣是可以循序渐进演变为专业技能的。

现在我们来一个两步走的实践环节，第1步，请列出你的3个兴趣。

我的3个兴趣

1.＿＿＿＿＿＿＿＿＿＿＿＿＿＿＿＿＿＿＿＿＿＿＿＿＿＿＿＿＿＿＿

2.＿＿＿＿＿＿＿＿＿＿＿＿＿＿＿＿＿＿＿＿＿＿＿＿＿＿＿＿＿＿＿

3.＿＿＿＿＿＿＿＿＿＿＿＿＿＿＿＿＿＿＿＿＿＿＿＿＿＿＿＿＿＿＿

第2步，请选择1个兴趣，找出与其关联的职业，并填入下表。

与_____关联的职业

怎样从榜样身上挖掘潜藏的副业选项？

榜样是指你想成为并且通过努力可以成为的人。

我们都有榜样，而且不同时期的榜样还可能不一样。

比如我上大学时的榜样是《平凡的世界》的作者路遥。那个时候我曾经梦想着把写小说作为自己的职业，而且也真的付诸过实践，发表过小说和散文。

再比如我做软件开发工程师时，机缘巧合地读到了侯俊杰先生的《深入浅出 MFC》。我被他序言中洋溢的古拙文气吸引，惊叹技术书也能这样写，就把他当成了我的榜样，下决心也要撰写技术图书。后来我真的利用业余时间撰写并出版了两本技术书：《Qt on Android 核心编程》和《Qt Quick 核心编程》。

我们愿意以某人为榜样，往往是因为他身上的某些东西打动了我们，使我们产生了"嗟乎，大丈夫当如此也！"的感慨。

那怎样从榜样身上那些吸引我们的东西中挖掘出副业选项呢？

我们可以从以下 4 个方面来考虑。

1. 他做过的职业。

2. 他做的事情。

3. 他的身份标签。

4. 他的生活状态。

下面从我现在的一个榜样——樊登读书会的创始人樊登——为例来进行分析，如图 3-4 所示，供大家参考。

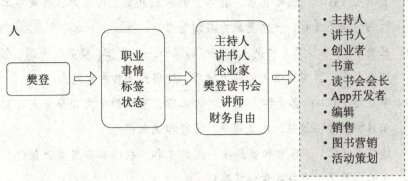

图3-4　从榜样身上挖掘职业

现在，请停下来，列出你的榜样。

我的 3 个榜样

1.＿＿＿＿＿＿＿＿＿＿＿＿＿＿＿＿＿＿＿＿＿＿＿＿＿＿

＿＿＿＿＿＿＿＿＿＿＿＿＿＿＿＿＿＿＿＿＿＿＿＿＿＿＿

2.＿＿＿＿＿＿＿＿＿＿＿＿＿＿＿＿＿＿＿＿＿＿＿＿＿＿

＿＿＿＿＿＿＿＿＿＿＿＿＿＿＿＿＿＿＿＿＿＿＿＿＿＿＿

3.＿＿＿＿＿＿＿＿＿＿＿＿＿＿＿＿＿＿＿＿＿＿＿＿＿＿

＿＿＿＿＿＿＿＿＿＿＿＿＿＿＿＿＿＿＿＿＿＿＿＿＿＿＿

用霍兰德职业兴趣测评发现你意想不到的方向

约翰·霍兰德（John Holland）是一位美国心理学家，他关于职业选择的理论几十年来已经得到许多研究者的验证。他认为：职业兴趣即人的个性的体现。也就是说，人们的职业选择能够彰显其个性，一如他们可以通过选择朋友、兴趣爱好、消遣方式和就读学校来表达个性一样。

霍兰德定义了 6 种不同的职业兴趣类型。

- 现实型（R）：拥有机械和运动方面的能力，喜欢与实体、机器、工具、动植物在一起的工作或户外工作。
- 研究型（I）：喜欢观察、学习、研究、分析、评估或解决问题。

- 艺术型（A）：拥有艺术、音乐、创新或直觉上的能力，喜欢在非结构性的环境下工作，发挥想象力与创造力。
- 社会型（S）：喜欢和别人在一起的工作——告知、唤醒、训练、帮助、培养别人，具有言谈上的能力技巧，注重沟通和教育能力。
- 事业型（E）：喜欢和人在一起的工作，喜欢影响或领导他人来实现组织目标或经济效益，注重领导、管理和说服能力。
- 传统型（C）：喜欢和资料在一起的工作，拥有事务或数值能力，在别人的指示下，完成各种细节事项。

这6种职业兴趣类型组成了职业兴趣六角形模型。

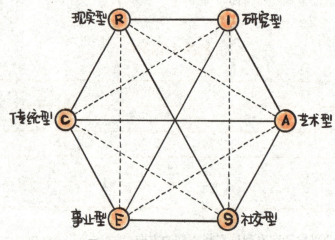

图3-5　霍兰德职业兴趣六角形模型

从图3-5可以看到，各个类型之间的距离有长有短，这从一定程度上说明了类型之间关系的远近。一般来说，两个类型之间的距离越近，相关程度越高，反之相关程度就越低。比如R型与S型处于对角位置，距离很远，那一般来讲，R型倾向明显的人，应避免从事S型职业或活动。举个例子，具有R型倾向的汽车维修工，应当避免去从事S型的护士、教师等职业。

每种职业兴趣类型有与其相对应的典型职业。随着时代的发展，每种类型对应的职业都可能发生变化。

- 现实型（R）：木匠、厨师、操作X光的技师、工程师、飞机机械师、鱼类和野生动物学家、自动化技师、机械工（车工/钳工等）、电工、无线电报务员、火车司机、长途公共汽车司机、机械制图员、修理工、电气师、计算机硬件人员。

- 研究型（I）：气象学者、生物学者、天文学者、药剂师、动物学者、化学家、科学报刊编辑、地质学者、植物学者、物理学者、数学家、实验员、科技人员、科技作者、电脑编程人员、系统分析师、数据分析师、数据挖掘工程师。

- 艺术型（A）：室内装饰专家、图书管理专家、摄影师、音乐教师、作家、演员、导演、记者、诗人、作曲家、歌唱家、乐队指挥、编剧、雕刻家、漫画家、艺术设计师、广告制作人。

- 社会型（S）：社会学者、导游、福利机构工作者、咨询人员、社会工作者、社会科学老师、精神病工作者、公共保健护士、公关人员、教师、教育行政人员。

- 事业型（E）：推销员、进货员、采购员、商品批发员、旅馆经理、饭店经理、广告宣传员、调度员、法官、律师、政治家、零售商、政府官员、企业领导、项目经理、销售人员、营销管理人员。

- 常规型（C）：记账员、会计、银行出纳、法庭速记员、成本估算员、税务员、核算员、统计员、计算机操作员、秘书、行政助理、出纳员、投资分析员、图书管理员。

如果明确了自己的职业兴趣类型，就可以获得与之对应的职业清单。

霍兰德设计了霍兰德职业兴趣量表，用来测试个人的职业兴趣类型。这个量表非常复杂，理解和测试都相对麻烦，感兴趣的话请参考《10天谋定好前途》这本书的附录2《霍兰德职业兴趣量表》和附录3《霍兰德职业代码检索表》。我们在这里介绍两种简单的方法供大家快速得出自己的职业兴趣类型：兴趣岛测试和简化版职业兴趣测试表格。

兴趣岛测试可以非常快速地辨别出一个人的霍兰德职业兴趣类型。

想象公司给了你6个月的带薪假期，你必须在下面指定的6个海岛中选择1个来度过假期，你会如何选择？

- **R：自然原始的岛屿。**
- 这个岛有原始热带雨林和各种野生动植物，不仅如此，岛上还建有植物园、动物园、水族馆等。岛上居民以手工见长，自己种植瓜果蔬菜、修缮房屋、打造器物、制作工具，他们喜欢户外运动。缺点是这个岛上的居民普遍闷头干活，彼此沟通和交流不多。
- **S：友善亲切的岛屿。**
- 这个岛的居民个性温和、友善、乐于助人，岛上的人们建立了一个密切互动的服务网络，人们重视互助合作，重视教育，关怀他人，整个岛充满了人文气息。缺点是这里的人们过于温暖平和，他们的平和经常被认为是缺乏竞争意识和无原则的一团和气。
- **A：美丽浪漫的岛屿。**
- 这个岛上到处都是美术馆、音乐厅、酒吧、街头雕塑和街头艺人，弥漫着浓厚的艺术文化气息。居民喜欢舞蹈、音乐与绘画，天性浪漫热情。许多文艺界的朋友都喜欢来这里开沙龙派对，找寻灵感。缺点是在激情之余，这里严重缺乏条理和逻辑。
- **C：现代井然的岛屿。**
- 岛上都是拥有高科技的现代化建筑，呈现都市形态，以完善的户政管理、地政管理、金融管理见长。岛民个性冷静保守，处事有条不紊，善于组织规划，细心高效。缺点是这里的生活如此稳定，以致于所有可能发生的情况为人们所掌握，生活在这里只要翻翻本子就可以搞定一切。
- **E：显赫富庶的岛屿。**
- 这个岛的居民善于企业经营和贸易，能言善道。这里经济高度发达，处处是高级饭店、俱乐部、高尔夫球场。岛上往来者多是企业家、经理人、政治家、律师等，这些商界名流与上等阶层人士在岛上享受着高品质生活。缺点是这里竞争激烈、节奏快、压力高，很少有人能够从容地平衡好工作与生活。
- **I：深思冥想的岛屿。**
- 这个岛人少僻静，绿野平畴间有多处图书馆、科技馆及博物馆。岛上居民喜好观察、学习、思考分析，崇尚和追求真知。哲学家、科学家和心理学家们常在这里约会，他们讨论学术，交流思想。缺点是在这里很少能享受到一些"庸俗"的快乐。

现在请在 15 秒内写下你的答案。

1. 你的第 1 选择是哪个岛？ _____

2. 你的第 2 选择是哪个岛？ _____

3. 你的第 3 选择是哪个岛？ _____

4. 你最不愿意选择哪一个岛？ _____

问题 1 的答案体现了你最显著的职业兴趣类型以及大致的职业范围，你可以根据它在典型职业清单中找到合适的职业。问题 4 的答案则揭示了你最不喜欢的大致职业范围，可以用来排除某些职业选项。

我的第一选择是 I，最不愿意选择的是 E。

简化版职业兴趣测试表格来自《商业模式新生代：一张画布重塑你的职业生涯》一书，我做了适当修改，如表 3-1 所示。

表 3-1　简化版职业兴趣测试表格

1. 组装过产品 2. 参与过楼宇设计 3. 关心动物 4. 驾驶过车辆 5. 修理过电子机械 6. 修理过产品 7. 制定过计划 8. 做过勘测航行 9. 使用过工具或重型设备 10. 处理过设备故障 11. 参加过职业课程 12. 做过室外工作	1. 做过分析 2. 从事过独立研究 3. 设计过问卷 4. 诊断过问题 5. 参加过科技展或竞赛 6. 调查过问题 7. 从事过实验室工作 8. 读过科技出版物 9. 解决过科技问题 10. 学习过专业课程 11. 参加过理科课程 12. 编写过技术文章	1. 设计过广告 2. 从事过艺术创作 3. 构思过概念 4. 创作过艺术品或出版物 5. 思考过创意 6. 设计过建筑或家具 7. 编排过戏剧 8. 编辑过文本 9. 表演过音乐或舞蹈 10. 参加过艺术课程 11. 搞过摄影 12. 写过或出版过作品
1. 参加或组织过活动 2. 加入过社会组织 3. 关注过儿童老人 4. 参与过协调 5. 做过咨询 6. 理解他人 7. 主持过活动 8. 参与过访谈 9. 结识朋友 10. 想获得心理知识 11. 指导过学生 12. 当过义工	1. 争论过议题 2. 发起过行动 3. 领导过下属 4. 参加过谈判 5. 社会团体中担任过职务 6. 说服影响过他人 7. 阐明过观点 8. 经营过公司 9. 销售过产品 10. 做过公开演讲 11. 监督管理过他人 12. 参加过管理课程	1. 做过财务 2. 做过审计 3. 做过数据处理 4. 做过运算统计 5. 做过库存盘点 6. 管理过办公室 7. 操作过机器 8. 开发过代码 9. 做过采购 10. 做过登记抄写 11. 做过文秘 12. 参加过商业课程

请仔细阅读表 3-1 中的内容，在符合你经历的选项前打钩，如果这些词语都无法准确描述你的经历，可以选择含义相似的打钩。然后你需要计算每一个格子内的打钩数作为分数。接下来，你要把统计结果填入下面的霍兰德职业兴趣六角形的灰色圆圈内，表 3-1 中的上左格子对应 R、上中格子对应 I、上右格子对应 A，下左格子对应 S、下中格子对应 E、下右格子对应 C，如图 3-6 所示。

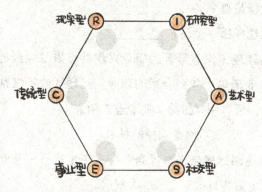

图 3-6　霍兰德职业兴趣六角形打分图

得分最高的那个类型，一般来讲就是你的职业兴趣类型。如果你有一个类型得分特别高（10 分及以上），说明你的职业兴趣很突出，可以直接回到前面的典型职业清单中查找对应的职业。

一般情况下，人的性格倾向是多维的，在某些环境中可能表现出 R 型，在另外的环境中可能表现出 A 型，所以存在几个类型得分相近的情况，甚至也会有每个类型得分一样的罕见情况（这在一定程度上说明测试者被现实环境训练得很均衡，可塑性很强）。考虑到这点，一般我们会取得分最高的 3 个类型，将各类型的代表字母按得分从高到低排列，将其作为自己的霍兰德职业代码。比如我个人测试后得分最高的 3 种类型依次是 I（10 分）、R（8 分）、A（6 分），那么我得到的霍兰德职业代码就是 IRA。

当我们有了自己的霍兰德职业代码之后，就可以根据它在《霍兰德职业代码检索表》中查找可能适合自己的典型职业。我的测试结果 IRA 对应的典型职业有：地理学家、地质学家、声学物理学家、矿物学家、古生物学家、石油学家、地震学家、原子和分子物理学家、电学和磁学物理学家、气象学家、设计审核员、人口统计学家、数学统计学家、外科医生、城市规划家、气象员。

用 DISC 分析自己的行为风格，发现适合自己的副业方向

我是李海峰老师 DISC 国际双证班第 F70 期的学员，在 DISC 国际双证班中，我系统学习了 DISC，并且在 DISC 国际双证班社群 F70 班群里做了"DISC 与职场选择"的分享。从那时开始，我意识到，不同行为风格的人会偏好不同的职业（副业）。运用 DISC 分析自己的行为风格，获得职业清单，这一方法，与霍兰德职业兴趣类型测试异曲同工。

DISC 是美国心理学家威廉·马斯顿（William Marston）于 1928 年在他的著作《常人之情绪》一书中提出来的行为风格测评工具。威廉·马斯顿从人的行为风格中分离出 4 项重要性因子，分别为支配（Dominance）、影响（Influence）、稳健（Steadiness）和服从（Compliance），合起来简称为 DISC。

每个人都有 D、I、S、C 4 种不同的行为特性，只是有的特性强，有的特性弱。比较强的特性，会更多地影响人的外在行为表现。

我们粗略地把某种特性比较强的人称为某型人，比如 D 特性比较强的人，我们接下来称其为 D 型人。注意，这样归类只是为了行文方便。专业的说法是，某人使用 D 型特质比较多。

D 型人擅长发号施令，支配他人，往往是指挥者。他们更关注事，行动快，目标明确，反应迅速。

I 型人喜好交际，追求互动，往往是影响者。他们更关注人，行动快，热爱交际，幽默风趣。

S 型人稳健，追求一致，通常是支持者。他们更关注人，行动慢，喜好和平，迁就他人。

C 型人谨慎，擅长分析，注重思考，往往是思考者。他们更关注事，行动慢，讲究条理，追求卓越。

图 3-7 简洁全面地概括了 D、I、S、C 4 种风格类型的典型特点。

了解了 D、I、S、C 各种风格的特征，那怎么区分自己或者他人属于什哪一种风格呢？有 3 种区分方法。

1.坐标轴法。

2.观察识别法。

3.专业测评。

步调快、独断、直接、外向

独立、以事为主、喜支配

支配 / 老板型
Dominance

发号施令者

问题为主 需掌握状况

自尊心极高

★ 希望：改变

★ 驱力：实际的成果

★ 面对压力时可能：粗鲁、没耐心

★ 希望别人：回答直接、拿出成果

★ 害怕：被别人利用

影响 / 互动型
Influence

口才好

喜交际者 / 以人为主 追求互动

乐观且情绪化

★ 希望：认同、友好关系

★ 驱力：社会认同

★ 面对压力时可能会：杂乱无章、口出恶言

★ 希望别人：讲优先级、讲信用、给予声望

★ 害怕：失去社会认同

讲关系、以人为主、爱助人

谨慎 / 修正型
Compliance

擅分析 / 重思考

以程序为主 追求限制

高标准、完美主义者

★ 希望：精准有逻辑的方法

★ 驱力：把事做好

★ 面对压力时可能会：慢半拍、退缩

★ 希望别人：提供完整说明及详细资料

★ 害怕：被批评

稳健 / 支持型
Steadiness

换位思考

以步伐为主 追求一致性

坚守信念，容易预测，话不多

★ 希望：固定不变、诚心感谢、多些考虑

★ 驱力：固有原则

★ 面对压力时可能会：犹豫不决、唯命是从

★ 希望别人：提出保证且尽量不改变

★ 害怕：失去保障

内向、间接、保守、步调慢

图 3-7　DISC 的典型特点

1. 坐标轴法

识别人的行为风格可以从两个维度入手：关注人还是关注事、直接（反应快）还是间接（反应慢）。

所谓"关注人还是关注事"，说的是当我们思考一件事情的时候，是任务导向还是人际导向。如果是任务导向，则谈论的大部分是与事情有关的，表情

相对比较严肃；如果是人际导向，则比较愿意分享和沟通。

直接，即说话、做事喜欢单刀直入；间接，即说话、做事喜欢委婉过渡。

用关注人还是关注事、直接还是间接这两个维度建立一个坐标轴，可以帮助我们快速识别自己的常用行为风格，如图3-8所示。

图 3-8　坐标轴法

在图3-8中，纵轴是"直接—间接"这个维度，横轴是"关注事—关注人"这个维度，两个维度划分出4个区域，对应D、I、S、C4种行为风格。现在我们对照着它来解释用法。

比如，你是更关注人的，就先移到右边，同时你又是个急性子，那就再移到右上角，你的典型行为风格就出来了：影响型。

比如，你是更关注事的，就先移到左边，同时你又是个急性子，那就再移到左上角，你的典型行为风格就出来了：支配型。

比如我，比较关注事，较少考虑人的感受，属于左边；做事多思虑，反应慢，属于下边。两者交叉，我的风格就在左下角：谨慎型。

坐标轴法用起来很简单，但有人可能会区分不出自己是更关注人还是更关注事。举两个例子，大家一参照就容易明白了。

设想一下你是校长，有老师汇报说有两个小朋友打架，你问的第1个问题会是什么？

如果你的第1个问题属于这一类：为什么打架？处理得怎样？这件事情为什么还在发生？你为什么人还在这里？那你可能更加关注事。

如果你的第 1 个问题属于这一类：小朋友有没有受伤？其他小朋友怎么样？家长什么反应？那你可能更加关注人。

再设想一下，你经过十字路口时看到两辆汽车相撞，你第 1 时间会想到什么？

如果你第 1 时间想到的是："它们为什么会撞在一起？"那你可能更加关注事。

如果你第 1 时间想到的是："不知道有没有人受伤。"那你可能更加关注人。

现在请你用坐标轴法判断一下自己的行为风格，把答案写在下面。

我的行为风格是：_____。

2. 观察识别法

观察识别法指的是对照 DISC 不同风格的特征，与一个人的表现相对比，根据匹配情况来辨别这个人的行为风格。图 3-9 展示了 DISC 不同风格的显著特征。

D	I
说话：简要直接，不绕弯子 观念：目标第一，渴望成功，誓达目标 情绪：易怒，急脾气，发火很吓人 重视：结果，行动快 害怕：被别人利用 善于：掌控局面	说话：语速快，夸张，肢体语言丰富 观念：标新立异，爱表现，与众不同 情绪：表情、情绪波动大，乐观 重视：外表，兴趣 害怕：失去认同 善于：感染气氛
C	**S**
说话：习惯重复，爱用"因为……所以" 观念：对错感太强，黑白分明，爱纠错，求完美，高标准，严要求 情绪：冷静，表情变化不大，情绪波动少 重视：逻辑，规则 害怕：缺乏标准，被批评 善于：研究，分析	说话：语速慢，爱铺垫，有时啰嗦 观念：关注别人，依赖团队，群体合作 情绪：逆来顺受，压抑，过分自责 重视：关系平衡，维持现状，不想改变 害怕：失去保障 善于：协调，有耐心，更愿意倾听

图 3-9 DISC 显著特征

你可以对照每种类型的显著特征，来识别自己和他人的类型。我回顾了一下自己的行为表现，发现自己 C 特征比较明显，其次是 S 特征。

图 3-9 中关于 DISC 不同风格特征的描述是很简要的。接下来提供一些更详细的特征信息给大家，针对每种风格，从服装、发型、饰品、对食物的态度以

及人际等 5 个方面来描述，便于大家识别①。

D 型风格特征明显的人，往往是坚定的、霸道的、有力的。这类人在服装方面，不考虑美丑，以适宜为标准；发型往往很短；饰品偏爱手表一类，是出于对时间的珍视；对食物的态度是能充饥就行，绝对不是吃货；人际方面，不大关注，除非这个人对他特别重要，不维系就会失去。

I 型风格特征明显的人，往往是开放的、快乐的、敢爱敢恨的，他们在服装方面略显浮夸，以夺人眼球为第 1 要义；发型要么极短、要么极长；饰品偏爱金银材质的；喜好食物，吃货一枚，嘴不闲着；人际方面，致力于人际关系建设。

S 型风格特征明显的人，往往更多地展示出支持和赞美，甚至有时过于腼腆、不知所措。他们的服装比较低调，更愿意选择温婉的米色、驼色、柔灰等不饱和色；发型中规中矩；饰品喜欢小巧的；对食物有热情；人际方面，善于聆听，是一种"老好人"式的存在。

C 型风格特征明显的人，更多呈现给人的感觉是认真思考，逻辑清晰，偏爱深度分析。他们的服装低调，搭配以黑白灰等冷色调为主；发型往往是短发 +直发；饰品，有的人不戴，有的人会戴比较精致但不浮夸的；对食物讲究，但不会吃太多；人际方面，容易给人距离感。

现在请你用观察识别法判断一下自己的行为风格，把答案写在下面。

我的行为风格是：_____。

3. 专业测评

坐标轴法和观察识别法的优点是简单易用，缺点是不够专业。所以，如果想要更加专业、详细地了解自己，可以做一次专业测评。

不同行为风格的人，关注点不同，喜欢的职业也不同，如图 3-10 所示。

知道了自己的行为风格，就可以从图 3-10 中获取与自己行为风格匹配的典型职业。这些职业可以作为我们的副业备选项。

---

① 这部分内容根据李海峰老师《赢得欣赏》一书相关内容摘编。

图 3-10　DISC 与职业

实践：分析你的个人倾向，找到副业选项

我们介绍了兴趣、榜样、霍兰德职业兴趣测评、DISC 测评等个人倾向分析法，现在请你停下来，做一个练习，找出与你的个人倾向相关的副业选项，填入表 3-2 中。

表 3-2　个人倾向分析

类别	结果	副业选项
兴趣		
榜样		
霍兰德		
DISC		

维度2：资源的8种变现模式

教别人学知识、学技能

黄金进刚毕业时进了一家小公司做软件开发，一人分饰多个角色，接触到了做软件的各个方面，包括产品设计、界面原型、技术原型、前端开发、后端开发、数据库设计、服务器环境搭建等。

这家小公司两年多的高强度锻炼，使得黄金进后来进了一家较大的公司做资深 Java 开发工程师时，不但可以游刃有余地使用 Java 以及各种应用框架完成开发任务，还能在 UI 设计、交互流程等方面给出一些合理建议。

在新公司工作了一段时间，黄金进感觉到工作强度不是很大，自己行有余力，就琢磨着再做点什么事情，开拓自己新的能力，也可以赚取一些额外的收入。

考虑到自己在 Java 后端开发方面有四五年的经验，而自己在语言表达方面需要提升，他决定录制视频课程。这样一来可以通过教别人提升自己，二来可以锻炼自己的语言表达能力。

于是他开始梳理自己掌握的 Java 知识，设计课程章节，设计示例，设计 PPT，对着电脑讲解，录制视频，剪辑视频，一个人搞定所有事情，然后发布到 CSDN 学院，标价售卖。

黄金进的视频课程收入不高，但通过录制课程，他发现自己的文档编写能力和口头表达能力都有了显著提高，同时对技术的理解也更深入了，反过来还促进了主业。所以他一直在坚持做视频课程，到现在已经做了 3 年了。

黄金进选择将自己掌握的知识讲述出来，以付费视频的方式教给别人。他的副业选择正是基于自己积累的知识和技能。这种"将自己掌握的知识和技能转化为课程教会他人"的副业模式，很多知识工作者都可以考虑。

彭小六 2011 年买房后为了还房贷选择去南京做 IT 讲师，也是将他在软件开发方面积累的知识、技能和经验转化为课程。包括彭小六后来所做的各种关于知识管理、阅读的线上分享、线下培训，也都是"教别人学知识、学技能"的模式。

我自己也是用这种模式踏上副业道路的。2013 年年底，考虑到我在 2008 年到 2013 年这 5 年间积累的 Qt 知识与经验会对很多人有帮助，我选择在 CSDN 平台写技术博客。后来因为我的博客文章被编辑认可，我受邀写书。再后来我还像黄金进一样，录制了视频课程。

帮别人做事情

除了"教别人学知识、学技能"这种模式，还有很多其他模式，可以将我们在工作中积累的知识、技能、经验等宝贵资源变现。

老黄是一名硬件工程师，在一家公司负责研发个人护理方面的电子产品，比如电动牙刷、洁面仪等。他对 PCB Layout 设计（主要是 PCB 的元器件布局走线）很在行，对软件开发和各种与 PCB 相关的工具也很熟悉。老黄因为工作结识的很多朋友也在消费电子这个领域工作。朋友和同事知道老黄是 PCB Layout 的内行，也精通软件开发，就经常找他帮忙做 Layout 设计，并给他一些报酬。老黄就这样做起了副业。

能找到老黄的客户，一般都知道老黄的能力，同时对时间的要求也很高——不急他们一般不会找人帮忙。老黄接了这种时间紧急的单子，一般会从晚上 8 点左右加班到凌晨 1 点，工作四五个小时来赶进度。如果工作日没有搞定，老黄周末就会加班到更晚，有时到凌晨 4 点他才上床休息。总之他会竭尽全力地搞定各种问题，保证在约定的时间内做好设计，因此他在客户中口碑很好，这些客户还会再来找老黄做设计。

老黄的副业模式是帮别人做事情。这也是技术人才发展副业非常重要的方式。我们在第 2 章介绍过的汤小小，她的副业——帮人做 PPT 设计，也是采取的用自己的技能帮助别人完成工作的模式。

给别人建议

程涛老师是西安广播电视台西安资讯广播·快乐1061的财经主播、西安电视一套《西安午新闻》的财经评论员，也是"西安晚报市民理财大讲堂"的特约讲师，对于家庭理财和财务规划有近20年的实践经验。他不但把自己家的财务规划做得特别好，还通过在行APP给有需要的客户提供理财方面的建议。

我从2015年5月知道程涛老师入驻在行后，就一直想着约他聊家庭理财，我的在行账户内保留着一次约见费用，保留了3年。奈何我拖延症进入晚期，微信上和他提了好几次，都没成行，一直拖到2018年12月26日，我们才得以见面。

程涛老师非常专业，他构建了一个家庭财富管理金字塔，从购买保险、债券、基金、房产等基本理财形式，到股票、期货等高风险的理财产品，给我和媳妇讲了两个小时，解决了我们在理财方面没有主线、缺乏次序、胡乱配置的大问题。

给别人提供理财咨询和建议，是程涛老师的副业，其模式是"给别人建议"。采用这种模式做副业的，还有我在秋叶知识IP大本营第4期认识的菁妈，她的副业是在悟空问答回答育儿类问题。

菁妈的主业是在一家母婴类公司做营养讲师，10多年来一直深耕育儿方向，积累了全面专业的育儿知识，能讲、能写、能咨询。

2015年，菁妈看到今日头条的用户越来越多，身边有很多朋友也开通了头条号写文章、做自媒体，菁妈想到自己积累的育儿知识是很多妈妈的刚需，就也跟着开通了头条号，写起育儿文章来。

2016年春节前后，今日头条开始内测头条问答。4月7日，头条问答开放给头条号作者，菁妈发现自己可以回答问题了，而且这种答题的方式，特别容易触发自己的知识储备，往往看到问题，她的脑海里马上就能浮现出答案，比自己写头条号的原创文章要省事儿很多，于是她就把精力放在了问答上。过了一阵子，菁妈发现，问答还可以开通头条收益，回答质量高并且阅读量也能上去的话，一篇回答能带来几十甚至上百元的收入。她开始花心思运营自己的悟空问答账号（2017年6月26日，头条问答更名为悟空问答），努力贡献优质回答，但回答阅读量却时高时低。直到后来她加入了 MCN 联盟（自媒体联盟），流量才相对稳定，收益也随之高了起来。

开发自己的产品

张晓衡 2013 年年底进入游戏开发行业，从卡牌游戏到 SLG（策略游戏），各种游戏类型都接触过。他参与开发的多款游戏，都采用 Cocos2d-js（Cocos2d-x 版 Jova Script 版本，真正跨全平台的游戏引擎）开发，这使得他在 Cocos 游戏开发领域积累了丰富的经验。于是他就琢磨着把自己的经验分享出去，开始在简书上撰写有关 Cocos 游戏开发的文章，同时把部分反馈较好的教程分享到 Cocos 官方论坛上。

2017 年 8 月，张晓衡收到一封点燃他激情的邮件——Cocos Creator 游戏引擎的制作人王楠给他发邮件，邀请他将自己文章中关于 protobufjs 的经验编写成 Cocos Creator 插件，以收费的方式首批入驻 Cocos 付费插件商店。

张晓衡花了两周时间，开发了 PB Killer（pb 杀手）插件，放在 Cocos 付费插件商店中售卖，如图 3-11 所示。

图 3-11　pb 杀手插件

插件刚开售两天，就不断有人购买，还不断有人给张晓衡反馈，说购买了插件不会使用。于是他一边当客服，一边写说明文档，录制演示视频，忙活了好一阵子，才构建了一整套方案来解决初学者的使用问题。

PB Killer 是张晓衡的第 1 个收费产品，也为他带来了第 1 笔非工资收入。直到现在，PB Killer 还有人在购买。

张晓衡把自己的知识和经验变成了一个可持续售卖、边际成本为 0 的产品。他的副业模式是"开发自己的产品"。Qt 侠同样也是采用这种模式开辟了稳健的副业之路。

不仅是张晓衡和 Qt 侠这样的软件开发工程师可以开发自己的产品，大部分的知识工作者都可以找到适合自己的产品形式，开发自己的产品。比如 PPT 设计达人可以开发 PPT 模板放到 PPTSTORE 上销售，比如 Excel 达人可以录制视频课程放到网易云课堂，比如新媒体运营工作者可以运用自己的运营技能打造自己的公众号……

因为个人业余时间和精力有限，我们选择产品时，除了像拼多多、知乎、抖音这种直接向用户提供独立服务的"庞然大物"，更应该考虑下面这些较为"轻巧"的类型。

1. 嵌入某个大型产品中的组件（配件），如张晓衡的 PB Killer 插件，Qt 侠的自定义控件。

2. 售卖式的产品，如图书、课程、培训、工具、博客、小程序、自媒体（如公众号 / 头条号 / 百家号 /……）等。

教别人学、帮别人做、给别人建议、开发自己的产品，是 4 种比较常见的副业模式，尤其适合积累了较多知识、技能和经验的知识工作者。

知识、技能、经验，是我们在工作中积累的最重要的资源。除此之外，我们还会积累人际关系、信息、渠道等资源，从这类资源中，我们也能挖掘出不少副业选项。

中介模式

郑昊是我在 DISC 国际双证班社群认识的朋友，他目前在一家服务于高中生和大学生的 NGO（Non-Governinental Organizations，非政府组织）工作。

为了做好主业，郑昊开始接触社群，用社群的方式帮助高中生和大学生。在做公益社群的过程中，郑昊认识了很多厉害的朋友。

有一次，一个在深圳腾讯工作的朋友想回西安工作，郑昊从中牵线，把这位朋友介绍给了自己西安的一位朋友，两人因此认识并了解了彼此。在西安的这位朋友的帮助下，深圳的这位朋友找到了合适的工作。

这个经历让郑昊意识到，他身边的这些朋友可以为彼此带来价值。他就很希望这些朋友们能相互认识，也希望更多的人能够认识他们。于是他就想到创建一个社群，让"牛人"认识"牛人"，让他们彼此碰撞出价值。

目前他找到了一群符合条件的朋友，组建私董会，对想进入私董会的人设置门槛（需要是企业创始人或合伙人）并且收取数额不低的年费。接下来他还打算以私董会为核心，创建社群，通过分享和课程，对外输出，而想参与社群的人，也需要交纳年费。

郑昊很好地利用了自己积累的人际关系资源，基于中介模式，定制出了自己的副业。而这种基于人际关系的中介模式，其实还有很多表现形式。

比如很多企业在招人时采用的员工内推，利用员工的人际关系帮助企业招募合适的人才，就是一种中介模式。员工成功推荐人员入职，可以获取推荐奖金。如果你所在的公司有这种模式，你就可以发动自己的关系网，帮助公司招募人才，赚取奖金。

比如一些众包招聘的产品，"萝卜多聘""超级猎手"等，也是基于个人人际关系的中介模式进行招聘，身在职场的我们，都可以参与。

信息差

我们在工作中掌握的很多本以为很平常的信息，对身处我们所在领域之外的想了解相关信息的人来讲，往往却是非常难得的。

比如你所在岗位分几个职级，平均薪水多少，有什么发展前景，日常工作是什么样子的，要求什么知识、什么技能，诸如此类信息，你可能觉得很平常，没什么特别的价值。但对于想从别的职业转型到你所从事职业的人来讲，这些第1手的信息就很有价值，可以帮助他们做出正确的决策。

比如你知道所在公司某个岗位有招人计划，如果你把这条信息分享给正在找工作的人，对他来说就很有价值。

比如招聘专员会积累很多诸如面试技巧、常见话术的信息，这些信息对缺乏面试技巧的求职者来讲，价值巨大。

由此看来，信息是一种非常有价值的资源。而基于不同群体之间的信息差（信息不对称）构建商业模式，是自古至今各行各业都在采用的策略。

基于信息差构建商业模式，关键在于以下两点。

1. 发现和你之间存在信息差的群体。

2. 寻找信息流动的渠道。

确立了这两点，就能开发出各式各样的副业形式。

比如我们前面介绍的菁妈，拥有丰富的育儿专业知识，一般的宝爸宝妈在这方面信息储备远不如她，那菁妈和普通宝爸宝妈之间就存在很大的信息差。为了让育儿信息流动到宝爸宝妈那里，菁妈选择头条号和悟空问答作为渠道，通过写文章、回答问题这两种形式，完成信息传递。

由于互联网和移动互联网的蓬勃发展，具备信息传递功能的网站、移动应用越来越多，常见的有在行、知乎、值乎、知乎 Live、微博问答、百度知道、公众号、一点资讯、在行一点、春雨医生、好大夫在线、天涯问答、搜狗问问、360 问答、千聊、喜马拉雅、GitChat 等。这些平台（渠道）都提供了帮助信息分享者创收的机制，比如知乎回答可以获得赞赏，知乎 Live 可以开付费语音小课，在行一点则允许你为自己的语音回答定价，公众号有流量主和赞赏……借助这些机制，我们可以很方便地搭建自己的副业模式。

渠道

其实渠道也是我们可以构建出的资源。

为便于说明，先看下渠道的含义。渠道，通常指水渠、沟渠，是水流的通道。渠道被引入商业领域后，引申义为商品销售路线，即商品的流通路线，全称为分销渠道，其作用是将厂家的商品通过一定的社会网络或代理商卖向不同的区域，达到销售的目的。

常见的传统商品渠道包括经销商、超市、商场等。互联网发展起来后，网站也变成了商品渠道，如淘宝、京东、唯品会等。移动互联网发展起来后，APP 也变成了商品渠道，如拼多多、微信、公众号、抖音、快手，都可以销售产品。

移动互联网的蓬勃发展为我们这些微小的个体带来了渠道能力，朋友圈、公众号、知识星球、微信群、头条号、知乎等，都可以成为我们的渠道。

程序员小灰是某互联网公司的软件开发工程师，闲暇时间经常翻看公众号文章，觉得公众号是个不错的媒介，加上他也有分享的欲望，就申请了一个公众号，开始写起文章来。

一开始，程序员小灰写的是情感和励志类的文章，半年后他发现这个方向同质化比较严重，而且他理工科的背景和程序员的角色，写起这类文章也有点吃力。于是他停下来思考，从自己的工作角色出发，选择了自己比较感兴趣的算法作为突破口，用漫画的形式来讲解算法。

写了几篇图解算法的文章后，程序员小灰把链接丢到各个技术群里，好评纷至沓来，大家都觉得这样讲解算法非常有趣，可以轻松理解各种算法。这些反馈使程序员小灰坚定了他的创作方向，接下来他就持续在"用漫画的形式讲解算法"这个方向上发力，不断更新原创文章。

从 2017 年到 2018 年，短短两年时间，在没有专门运营的情况下，程序员小灰的公众号"程序员小灰"的粉丝数超过了 20 万，成了软件技术类公众号中的大号。

这个时候，不断地有广告主找上程序员小灰，谈广告投放，产生的内容涉及 IT 培训、在线课程、保险产品等，非常广泛。公众号作为商品渠道的功能，在粉丝数量达到一定量级后凸显出来，为程序员小灰带来了可观的收入。

如果你像程序员小灰一样构建了渠道，就可以通过接广告、卖东西（如课程、电子产品、图书等）、广告位售卖、流量主等方式变现。

会员

程序员小灰现在还采用了一种"会员"的变现形式——他成立了名为"程序员小灰"的知识星球，吸引了 1 200 多人付年费加入，与他一起讨论算法、技术，共同成长。

知识星球已经成了不少知识工作者知识和服务变现的重要工具，其基本模式就是"年费会员"。比如齐俊杰的财经投资方向的知识星球"齐俊杰的粉丝群"，有 22 600 多名会员；《Android 开发艺术探索》的作者任玉刚的知识星球"玉刚说铁粉集中营"，有 3 300 多名会员；粥左罗的知识星球"粥左罗和他的朋友们"，有 6 900 多名会员。

我自己也有一个付费的知识星球"副业赚钱"，与本书主题相近，介绍发展副业的方法论。我每周分享一个副业案例，星友也可以分享自己的副业实践，本书很多案例的主人公都来自这个星球的星友。

实践：分析你的个人资源，找到副业选项

我带着大家了解了我们每个人都可能有的 4 种资源：

- 知识与技能；
- 人际关系；
- 信息；
- 渠道。

然后找出了常见的 8 种资源变现模式：

1. 教别人学知识学技能；

2. 帮别人做事情；

3. 给别人建议；

4. 开发自己的产品；

5. 中介模式；

6. 信息差；

7. 渠道；

8. 会员。

现在，请你停下来，完成一个小小的练习——个人资源分析。请认真盘点

你拥有的资源，分析它们可以通过哪种变现模式发展为副业，将你找到的副业
选项，填入表3-3中。

表3-3　个人资源分析

类别	结果	副业选项
知识与技能		
人际关系		
信息		
渠道		

维度3：挖掘客户需求定位可提供的服务

你被咨询的问题就是需求

莫雨竹是两个孩子的妈妈，也是一家大学教旅游管理的副教授，深入研究了饭店管理和旅游管理，并且是陕西省级科技厅入库专家，主持过多个省市级项目，在核心期刊发表过十余篇论文。莫雨竹是"双师型教师"，除了拥有自己本职工作中所有的技能证书外，还拥有DISC顾问证、塔罗师证、OH卡教练、鼓励咨询师证等。她的副业——"中小型家庭教育机构管理咨询顾问"，是从养育孩子的过程中，抓住身边的宝妈群体的需求发展出来的。

一开始时，莫雨竹为了更好地养育自己的孩子，开始深入地学习各种育儿知识、课程，积极地实践学到的各种育儿理念和方法。通过努力，她和孩子的亲子关系改善了很多，育儿道路也顺畅了很多，令大家很是羡慕。慢慢地，身边的很多家长就经常找莫雨竹咨询怎么教育孩子。她发现这是一个需求很频繁、很旺盛又生生不息的市场，于是就和朋友筹办了一个工作室，接受妈妈们的咨询，同时开始尝试通过网络做家长课堂。因为网络讲课一方面不会对其现有工作和家庭产生过多影响，另一方面可以低成本地将有价值的内容传递给更多人。

后来工作室经营得小有成绩，影响力逐渐扩大，被很有做育儿方面讲师想

法的人了解，他们纷纷来向莫雨竹学习。莫雨竹琢磨了一下，培养更多讲师可以帮助到更多家庭，就决定利用这个机会，把自己的机构从家长课堂转型到讲师培养。

再后来莫雨竹培养的讲师们纷纷开始经营自己的工作室，中间遇到各种各样的困难，就找莫雨竹做个案咨询。莫雨竹帮忙解决了咨询客户的工作室运营问题，他们就又介绍更多类似的机构和讲师给她。莫雨竹发现做这类咨询，可以很好地利用自己旅游管理教学和咨询积累的各种专业经验和通用技巧，做起来也很有成就感，就花了一大部分精力在这方面，于是她就顺理成章地转型为"中小型家庭教育机构管理咨询顾问"。

莫雨竹对需求非常敏感，抓住妈妈们的育儿困惑，开启了对家长课堂的探索。她抓住育儿讲师的成长需求，转换方向到讲师培养，最后又抓住讲师所做工作室的运营问题，将副业定位到咨询顾问方向。

其实莫雨竹的经历我们很多人都会遇到，只要你在某方面积累了专业知识和经验，就会不断有人向你咨询。如果你能抓住这样的机会，就可能挖掘出一些副业选项。所以，我们要做的是，不断累积自己在某个细分领域的专业知识，构建内在价值，然后周期性地盘点自己，看看别人都向我们咨询了什么，他们有什么痛点，我们可以用什么样的服务和产品满足他们。

抱怨和不满背后有未被满足的需求

子木是石油天然气能源行业企业的职能部门工作者，她喜好交际，口才很好，脸上总是洋溢着热情的笑容。有了孩子后，她与同为宝妈的同事及单位大院里的妈妈们互动非常频繁，经常交流育儿心得。哪家孩子什么性格，最近闹了什么笑话，她都一清二楚。

在与宝妈们交流的过程中，她发现，这些国企背景的新妈妈都和她有一样的困惑，不知道该怎么好好地养育孩子，还停留在不知不觉照搬自己父母的育儿经验的层面上，教育理念相对保守落后。而她参加的一些亲子社群中的妈妈们，育儿观念和方法普遍很先进，其中包括正面管教、OK 教养、蒙特梭利，还有不少宝妈参加了 P.E.T（Parent Effectiveness Training）父母效能训练 P.E.T 。她直觉一定不能再沿用老一辈的育儿方法，必须学习新的方法。她问了不少宝妈，她们都表示愿意学习，可又没办法脱岗去参加培训。

子木一琢磨，干脆自己组个团，招一个班的学生，找老师来上课。打定主意后，她就和常联系的宝妈们打招呼，说自己要成立一个"爱·See"亲子成长社群，开工作坊，组织大家一起学习怎么教养孩子，最近在筹备第 1 期工作坊，找老师来讲 P.E.T.，愿意参加的可以登记。没几天，就有近 20 人报名，凑够了一个班。于是子木通过一位学过正面管教和 P.E.T. 的朋友邀请专业老师来给她们上课。

子木找来几位宝妈，组成一个团队，准备第 1 期工作坊的事情。她们找场地，定行程，做海报，准备教具，忙乱又兴奋。在开课前一天，子木和团队的小伙伴静静一起布置会场，一直忙到深夜 3 点。她们一边聊天，一边摆茶点，一边憧憬着第 2 天学员到来的笑脸。

上完第 1 次课程，有几位妈妈专门找到子木说："谢谢你，因为认识你我才有机会学习 P.E.T.，当我倾听孩子的想法时，本来对峙的母子关系，一下子就缓和了，太惊喜了！"还有一位妈妈跟子木说："你们这个团队有大爱，有格局！"

这些反馈让子木觉得她做的事情非常有价值，让她更想将这份爱的事业继续下去，希望以微薄之力影响更多的家庭，让他们的家庭教育环境越来越好。

子木是风风火火的性格，说干就干。她马上着手扩大爱·See 亲子成长社群的规模：让老学员帮忙扩散，找孩子幼儿园同学的妈妈加入，发动有小孩子的亲戚朋友加入。最后她们拉了一大票宝妈加入了爱·See。

接下来，子木就将爱·See 的运营转入正轨，定期组织宝妈读书会、育儿课程，和大家一起学习。一路走来，她和社群的妈妈们，在育儿方面都有了很大的进步，和孩子的关系也都更加友好、亲密。

子木的故事告诉我们，抱怨和不满中隐藏着需求，只要用心挖掘，就可能发现机会。我们每个人的身边，都有各种各样未被充分满足的需求存在，只是被我们给忽略了。只要我们多多留意自己以及身边的朋友们经常对什么服务不满，就可能发现一些副业选择。

挖掘需求有两种典型的方式。

1. 观察、体验、总结

莫雨竹从找自己咨询的人身上观察到了需求。子木自己体会到了育儿的需求，也观察到了身边宝妈们的需求。

2. 访谈

子木在邀请老师讲课之前对宝妈们做了访谈。如果你想对特定群体提供服务，可以采用这种方式，问一问他们在工作和生活中有什么别扭或者不满的地方，想得到一些怎样的改变。

实践：洞察身边的需求，找到满足它们的服务或产品

现在，请你来做一个小小的练习。回想一下，你的朋友和同事都咨询过你什么问题，他们有过什么样的抱怨，这些咨询和抱怨背后隐藏了什么未被满足的需求，这些需求可以通过什么样的服务或产品来满足。把这个思考过程，记录在表 3-4。

表 3-4　发现身边的需求

抱怨或不满	未被满足的需求	用于满足需求的服务或产品
1.		
2.		
3.		

维度 4：捕捉身边的各种机会

行业趋势与社会小趋势

社会的节奏越来越快，各种大小趋势此起彼伏，常常给我们带来各种机会。

路桑是我的校友，在西安交通大学取得微电子专业学士学位，在瑞典皇家理工学院取得芯片设计专业硕士学位，之后进入全球最大的芯片制造商在中国西安的分公司做集成电路设计工程师。

　　工作到第 5 个年头，路桑在所在专业领域已经有了较多的沉淀。此时国家开始大力推动芯片产业的发展，我国集成电路企业呈现出数量和规模迅速增长、竞争日趋激烈的态势。在大量资本投入的背景下，企业对 IC 设计工程型专业人才的需求非常迫切，形成了巨大的人才需求缺口。在这么大的人才资源挑战面前，2015 年，教育部等六部门发布了关于支持有关高校建设示范性微电子学院的通知，其中包括支持 9 所高校建设示范性微电子学院，支持 17 所高校筹备建设示范性微电子学院。在提高教学质量、扩充从业人才的同时，该通知要求加快培养集成电路产业急需的工程型人才，建立学院新型用人机制，鼓励教师潜心育人并主动开展产学合作，聘请一定比例的企业专家授课或担任指导教师，引进国外高水平专家，建立一支由专职教师、企业专家和兼职教师组成的师资队伍，推动示范性微电子学院国际化发展。

　　2015 年春季，西安交通大学微电子学院邀请路桑为集成电路专业的硕士研究生开设"芯片验证"课程。路桑了解当下芯片产业的趋势，知道这是个机会，和公司沟通后，公司同意路桑到学校授课，促进校企合作。于是路桑克服了时间方面的压力，利用业余时间开发课程，到交大给学生讲课。

　　同年，西安电子科技大学微电子学院与路桑所在公司携手开展 IC 教学内容改革与协同育人的产学合作项目，邀请路桑为集成电路专业的硕士研究生开设"SystemVerilog 芯片验证"课程。路桑开始同时在西安交通大学和西安电子科技大学做客座教授。

　　在与高校展开校企合作不久，路桑于 2016 年春季开始计划将验证课程做成精品课程，从高校教育出发来影响芯片行业对验证岗位的认识，并且为企业输送合格的工程类人才。

　　2016 年是网红元年，这一年网红进入大众视野，走上了产业化运作的道路。其标志性事件是网红 papi 酱获得了来自真格基金、罗辑思维、光源资本和星图资本的 1 200 万元投资，吹响了网红经济的号角。

2016 年 8 月 8 日，里约奥运女子 100 米仰泳半决赛，中国选手傅园慧接受采访时说："我已经用了洪荒之力！"并配上搞怪的表情，快速走红网络。奥运会结束后，傅园慧在映客献出了直播首秀，吸引了 1 054 万人在线观看，该数据打破了映客平台的直播纪录。

正是在 2016 这一年，个体 IP 的价值开始被认可。路桑看到了这个小趋势，敏锐地意识到，专业领域的知识工作者也可以成为"网红"，只不过方式是输出专业知识，积累粉丝，提升关注度和行业声望。于是，路桑在 2016 年 6 月开创了技术订阅号"路科验证"。

经过两年多的持续输出，这个极其小众的技术订阅号，聚集了 IC 设计领域内的上万粉丝（目前 IC 设计领域大约有 13 万从业者），在行业内获得广泛认可。路桑也成了芯片行业的"网红"。

路桑在更新公众号的同时，也在准备出版自己的图书《芯片验证漫游指南》。该书于 2018 年 3 月出版，在芯片设计行业屡获好评。

2018 年 4 月，路桑决定更进一步，直接针对企业培养芯片验证人才。为了这个目标，他成立了一个小团队，开始筹备线下培训班。得益于大家对路科验证专业号和已经出版书籍的认可，以及近几年路桑大学授课超过 500 名学生的推荐，路桑的芯片验证培训班招生非常顺利，一周时间就招满了 30 名学员。经过 4 个月的培训，课程圆满结束，学生对于课程的反馈非常好。同年 9 月，路桑的团队开始做线上直播培训，第 1 期招收了 50 名学员，年底结课，反馈依旧很好。2019 年春季，路桑的团队展开了第 2 期线上培训，学员超过 70 人。

目前，路桑依然在企业任职，虽然工作之外的收入已在一年内超过了工资收入，但他依然坚持在项目一线工作。这也是其所在行业的特点：芯片行业需要一线经验，且行业变化快，门槛高，从业者多是研究生以上的文凭，既要看"出身"，又要看"背景"，所以必须持续积累行业经验。只有这样，路桑才能在讲究出身背景的芯片行业继续扩大影响力。同时，因为这个原因，2018 年秋季，路桑开始攻读浙江大学的芯片设计博士，希望日后成为更大的个体 IP，有更好的社会和专业领域的影响力。

路桑的学历、专业和工作背景都非常优秀，并对商业模型有其独特的认知。他先于 2015 年看到了与自己所在芯片设计领域相关的人力资源培养机会，接受高校发出的邀请，合作开设芯片验证课程。接着在 2016 年他看到了个体 IP 的力量，开创公众号，通过持续输出，在芯片设计领域建立了影响力。随后的 2018 年，他又通过专业图书，进一步建立信任度，扩大影响力。再接下来，他创建了自己的团队，做芯片验证人才的培养，构建了稳定的副业模式。

路桑在行业趋势和社会小趋势中看到了机会，结合自己的专业积累，非常稳健地走出了自己的副业之路。

日常生活中隐藏的契机

机会不单单存在于行业趋势、国家规划之中，我们的生活中也随处可见机会的踪影。

Peter 魏是西安一家大专院校的教师，在电子实验中心教授竞赛和通信电子类实验。他去永辉超市买东西时，经常见到京东到家的宣传广告。有一次赶时间，来不及去超市，他就使用京东到家选购了商品。没想到不到 20 分钟，就有穿着印有"达达"字样衣服的快递员把东西送过来了。这是他第 1 次了解到同城快递这个行业，不由对达达骑士产生了好奇心，很想知道他们一个月能赚到多少钱，也很想体验他们过着什么样的生活，甚至想到自己村子里的年轻人是不是也可以来做这个。

Peter 魏抽空了解了达达，知道这家公司已经与京东到家合并，并改名叫新达达了。他们采用众包工作的方式，只要下载达达骑士 APP，注册成为骑手，就可以接单送货，赚取跑腿费。

Peter 魏盘点了一下自己的时间，发现自己下班后和周末经常有大段空闲时间不知道做什么，刚好可以尝试下这个职业。碰巧他还有电动车，可以直接骑着它送货，不用添置其他装备，几乎没有成本。至于吃苦受累，他一点也不怕，自己本身就是农家子弟，吃得下苦。唯一令他犹豫的，是担心别人知道他是大学教师后用异样的眼光看他。可转念一想："自己不说，谁知道这个呢。就算别人知道了，又怎么样呢？我愿意就好，再说，自己整天对着电脑，也挺单调乏味的，抢几个单，送送快递，既能为他人服务，也可以调剂生活。"

想通了这些，Peter魏不再犹豫，立马行动起来，在APP上注册成为了骑手，形如接单送货。

在永辉超市附近接单和其他骑手闲聊时，Peter魏惊讶地发现，有的骑手在天气不好或超市搞活动时，一天可以跑出五六百元的收入，这大大超出了他的预料。他琢磨这里面一定有很多实践中的技巧是自己不知道的。

后来Peter魏参加了培训，送的单多了，和其他骑手聊得多了，他发现，这里面还真有不少学问。比如抢单方面，数量上看超市单多，价位上看个人、蛋糕、鲜花这类单的单价高，骑手每单费用也高，多抢这些单，就能多赚钱。比如路线方面，如果对各个小区位置熟悉，合理规划路线，一趟就可以送多单，一天就可以跑多趟，这样单位时间收益就可以大大提升。不过配送有时效，也不能为了一趟多单而耽误客户的时间。

Peter魏很快熟悉了自己小区周围3千米内大大小小的住宅区。有名的大路，无名的巷道，都刻在了他的脑海里，以致于一有单子，他的眼前自动就浮现出导航图来。渐渐地，他抢单、送货都变得游刃有余，甚至有时间与客户聊几句。

Peter魏接过在小区租房经营水果拼盘的年轻人的单子、做辣条的生意人的单子、做手工绿豆糕和月饼的美食达人的单子。看到各式各样的单子，看到大家都以不同的方式在这个城市奋斗，他感受到了校园之外的世间烟火味。印象最深的一单，是有一次晚上冒着大雨送药品，回来时电动车没电了，他冒雨推着电动车，在月亮和路灯的陪伴下走回家。

同城快递骑手和大学教师这两个身份，被Peter魏有机地整合在一起。做骑手调剂了Peter魏枯燥的生活，与世间不同角落奋斗的年轻人的接触，也让他对生活有了更深刻的体验和认识。原本Peter魏只有一双受限于他身份的眼睛，只能从大学教师的视角看到世界属于他的那一面，现在他可以用另一种身份，用另一双眼睛，从不同的视角来看到世界的另一面。他收获了更真实、更完整的世界。

大学教师Peter魏，因为使用京东到家，发现了同城快递这个机会。第2章我们介绍过的学习规划师本超，他在刷朋友圈时意外发现了知识付费的小趋势，经由做课程分销的朋友指引，把分销课程做成了副业，曾经一个晚上赚了 2 000 多元。

帆所在公司是国内最大的钟表代理商，她的工作是财务数据分析。生孩子后，她想到要为女儿买保险，就开始研究各种保险知识。

研究了一段时间的保险，帆意识到保险在国内正处于蓬勃发展的阶段，未来前景可期。她学习能力很强，对理财类知识也很感兴趣，就把自己了解到的知识，在一个宝妈群里和大家讨论分享。

后来帆找了一家保险经纪代理公司，为女儿购买了保险。

在购买保险的过程中，帆从自己的保险经纪人那里知道，原来这家公司还有很多兼职形式的保险代理人，不用坐班，按单即可提佣金。她忽然意识到这是个很好的机会，先考取保险经纪人员资格证书和执业证书，等帆拿到了证书，就通过她的保险经纪人办了兼职手续。

把自己购买保险产品的思路和挑选的产品组合分享到宝妈群里，有些宝妈很感兴趣，就来请教帆，帆告知大家自己在做保险代理人，可以直接跟她购买，大家都很信任帆，于是帆就顺利开单了。

帆做保险代理人的原则是她自己买的才会推荐给大家，绝不会昧着良心推荐高佣金但自己看不上的产品。有人咨询了她就分享，别人没需要她绝不强求。没想到这样的做法，居然赢得了宝妈们的信任，不断有单子成交。

路桑、Peter 魏、本超、帆的案例告诉我们，留意以下几个方面，有助于发现机会。

- 自己所在领域的发展趋势。
- 自己所在地区的趋势。
- 朋友、同事等身边的人在做什么。

除此之外，还有以下几点，也对发现机会有非常大的帮助。

- 跟随特定社群中的新鲜事物。比如子木就是在一些亲子社群中接触到正面管教和 P.E.T. 的。

- 留意更发达地区的趋势。一线城市的一些小趋势，往往过段时间就会出现在二线、三线、N线城市，在这个过程中，就会诞生一些机会。

实践：分析机会，找到副业选项

现在我们来做一个小练习，请从以上几个方面进行分析，挖掘你看到的机会，填入表 3-5 中。

表 3-5　机会分析

机会或现象	副业选项
1.	
2.	
3.	

维度 5：从被动收入渠道中倒推副业

事业生钱

2016 年 9 月，我的女儿上了一所重点小学，每天下午三点半放学，家长需要在校门口接孩子。我和媳妇都是上班族，她在外企，我在私企，上下班都需要打卡，朝九晚六，不加班到家也七点了，要加班的话，八九点到家是常有的事。在这种情况下，每天请假接孩子放学根本不可能。于是我们就把孩子送到了托管中心，等我们 6 点多下班了再到托管中心接孩子。可孩子不大愿意去托管中心，希望爸爸妈妈接自己放学。她眼看我们天天接她放学不可能实现，就可怜兮兮地和我们商量，妈妈一个月接 3 次，爸爸一个月接 3 次。可即便一个月接 3 次，我们也还是为难。再加上学校时常有一些需要家长参加的活动，如家长会、亲子活动等。这样一个月要请四五次假，我实在是很难向领导开口，同时也担心请假太多，影响绩效。

除了孩子的事情，我们也还有自己的事情，比如生病、朋友来访、家人从外地过来等，都需要请假。

这些事情堆积在一起，让我产生了一种非常强烈的感觉：我竟然无法掌控自己的生活！而我想掌控自己的生活，我想不用担心工资、绩效、领导的看法，我想对自己的生活有更多的自主权。

于是我就不断琢磨这件事，分析"朝九晚五，上班挣钱"这种方式究竟哪里有问题，怎样才能解决工作与自由支配时间之间的矛盾。

后来我就发现，"朝九晚五，上班挣钱"这种方式获得的工作收入，是必须劳动才能够得到的收入，不劳动就没有。为了保持这份收入，我得严格遵守考勤、按需加班、有事请假、定期被评估绩效，这一系列要求让我感到被束缚、被支配、无法掌控生活。

很自然地，我就想，假如我在工作收入之外，还能有一些额外收入，那我就不用那么在意领导的看法和绩效，有事时就能比较坦然地请假。这时我就想到了图书版税、房租等收入，像这样不用劳动或者只需很少劳动也能有的收入（即被动收入），是多么美好呀！

那个时候起，我就决定要挖掘一些类似版税、利息、房租这样的被动收入，改造我的收入结构，让自己不再依赖于单一的工作收入。这样我就不用担心被解雇，也不用担心经济停滞导致的收入下降和福利减少，就能安心过正常的生活，买自己想要的东西，规划旅行，去想去的地方，这样我的生活将会更加从容，远离收入带来的压力和焦虑。

你有和我一样"构建工作收入＋被动收入，过安心从容生活"的想法吗？

高先生产生这种想法，是在工作 6 年后。这 6 年里，他做过实施员、售前顾问、软件开发师、数据库管理员、运维员等工作，但不管哪一种，他都因为工作收入而被困在工作岗位上。可他不想这样朝九晚五地被束缚，不想只有一份工资，不想一辈子为别人打工。于是他就琢磨着构建一个新的现金流管道，他希望这个现金流管道在几年后不需要他投入太多精力，就可以自动运转，为他带来源源不断的收入。

高先生决定做一个小小的企业。在他看来，一旦这个小企业的运营走上正轨，就可以自动产生收入，无须他像上班那样必须日复一日持续不断地劳动。他 2017 年开始构思，和媳妇商量后，两人决定在淘宝上做电商，经营项链、耳环等配饰。高先生意识到电商是流量生意，而淘宝流量太贵，他决定自己经营公众号、QQ 空间、网站、微信号等，构建自己的流量池。酝酿了一年，到了 2018 年年初，他把店开起来了。高先生在公众号和 QQ 空间发布消息后，30 分钟内就达成第 1 单生意，这让他立马有了信心。

2018 年下半年，淘宝店客流已经比较稳定，净收入超过了他和媳妇的工资。这个时候，两人决定把实体店开起来。他们从零开始，租场地、刷墙、买摄影灯、买电脑、拉网线、装系统，全部是高先生在保证正常上班的情况下利用晚上和周末的时间自己一人完成。从决定开实体店的那天，连着 3 个月，除了睡觉，他完全没有休息过。

现在，高先生线上的淘宝店和线下的实体店，已经联动起来，他媳妇已经辞去了之前的工作，专心打理他们的实体店。他预计再经过一年左右的经营，就可以雇一个人，那样他只需花很少的精力，配饰店就能够正常运转起来，他和媳妇就可以有更多的时间去做其他事情。

高先生做了一家饰品店来构建他的被动收入管道。这种事业需要以企业为主体来经营，而我选择的则是无须注册企业，个人就可以打造的产品。比如图书（包括现在你看的这本书）、语音课程、视频课程、付费专栏等，这些产品都具有比较长的半衰期，只需初期投入一些劳动。一旦产品开始销售，获得较好的口碑，后面几乎什么都不做也会有源源不断的收入进账。

不管是经营企业还是打造个人化的产品，其本质都是一种被动收入模式：事业生钱。事业生钱的概念是事业不断产生收益，而你无须亲自参与事业的运作就能获利。

事业生钱这种被动收入模式还有很多其他的外在形式，比如房屋出租、汽车出租、电脑出租、工位出租、抓娃娃机、迷你 KTV、自动售货机、自助饮料机、证件照自助机、发展经销商、中高端美容店、收费软件、小程序、广告位、专利、授权、版税（书籍 / 音乐 / 软件等）等。

事业生钱的关键有两点：第一，这个事业能为别人创造价值；第二，这个事业得是系统化的、不需要靠你就能自动运行的生意。

要特别提示一下，很多事业往往有生命周期。比如你构建了"编写办公软件应用类图书赚取版税"这项事业，就可能受到你讲的办公软件本身的生命周期影响。例如你 2003 年写了一本关于 Excel 2003 的书，那到 2006 年 Excel 2007 发布后，这本书基本上就卖不动了，你得重新写一本关于 Excel 2007 的书，而你这本关于 Excel 2007 的书，也只能卖到 2010 年，因为 Excel 2010 出来了。

因为大部分的事业都存在生命周期问题，需要我们直接或间接投入时间、精力、资金来重建，所以我们在构建被动收入时，需要把事业性收入赚到的钱，定期拿出一部分去投资，切换到钱生钱的被动收入模式。

钱生钱

钱生钱这种模式，相信大家都接触过。比较常见的形式是把钱投资到各种各样的理财产品上来获得利息、分红或价格差，比如存款、国债、企业债券、信托、股票、基金、纸黄金、期货等。

钱生钱这种模式的前提条件，是你有一定数额的钱作为资本。有了一定数目的资本，就可以参与各种形式的投资，比如信托这种比较稳健的方式，年化收益率也可以达到 8%。但投资理财是有风险的，可能不但赚不到钱，还把本金亏掉。所以在开始理财之前，需要先掌握一些基本概念和原则，以便规避常规性风险。我专门邀请了我的理财顾问程涛老师为大家写了一章关于家庭理财的内容，帮助大家了解投资理财的核心概念和原则。如果你现在就想一睹为快，请直接打开第 8 章。

实践：找到 10 个可以带来被动收入的副业选项

现在，我们来做一个小练习。请回顾你的经历，你的朋友们在做的事情，或者到网上检索，找到至少 10 个可以带来被动收入的副业选项，填入表 3-6 中。

表 3-6　带来被动收入的副业选项

| |
| |

实践：完成你的副业选项清单

如果你完成了前面五星分析法的每个小练习，现在应该已经搜集到了很多副业选项，请把它们填入表 3-7 中。

表 3-7　副业选项表

类别	副业选项
倾向	
核心资源	
客户需求	
机会	
收入结构	

第 *4* 章

提取：

筛选出适合自己的选项

成功的副业一定是在某方面适合你的，比如兴趣、知识、技能、性格，比如某种特别的渴望，比如对当下的你具备恰到好处的可行性。

所以，为了把某个纸面上的选项变成你的副业，我们需要使用一些方法，从上一章扫描出的副业选项中提取出适合你的少数几个，整个过程分为4步。

第1步，对副业选项拍一张快照，知道它的概要情况。

第2步，明确自己想要的副业特征，用它们对副业选项进行第1个维度的筛选。

第3步，做一次自我盘点，找出自己想发展的3个方面，用它们对副业选项进行第2个维度的筛选。

第4步，将两个维度获得的副业想法合并，评估这些副业选项，从中挑出具备可行性的1～3个。

首先，给副业选项来一张快照

在我们决定将一件事发展为副业之前，先搞清楚它的概况，可以避免不必要的损失。下面5个问题提供了一个框架，能帮助我们快速搜集相关信息。

1. 什么是＿＿＿＿＿？

2. 哪些人在＿＿＿＿＿？

3. ＿＿＿＿＿有哪些门槛？

4. ＿＿＿＿＿的平均回报如何？

5._____投入周期是多久？

用上面的框架，考察"写作软件开发技术图书"这个副业选项，答案如下。

1. 什么是写作软件开发技术图书？

写作软件开发技术图书，指的是针对某一种软件开发技术，比如 Java、Python、设计模式、微服务、Node.js 等，撰写教程，教会读者该技术的相关知识，指导读者使用相关技术进行软件开发实践。

2. 哪些人在写作软件开发技术图书？

写作软件开发技术图书的有 3 类人：开发者、特定技术研究者、专职技术图书作者。

开发者写书，一般是基于在软件开发工作中的特定技术领域积累了丰富的知识和经验，想要分享给更多人。这样一方面可以帮助他人，一方面可以建立个人品牌和影响力，于是走上了写书的道路。他们往往利用业余时间来完成图书写作，比如晚上、早上、周末等，以牺牲休闲活动为代价。写书会让他们在长达几个月甚至一两年的时间内超级忙碌，无暇照顾家人。

特定技术研究者指的是专门开发或研究某项技术的人，比如创建 Cocos2d 游戏框架的公司，开发出 Vue.js 的尤雨溪，C 语言之父丹尼斯·里奇（Dennis M. Ritchie），他们会为了推广特定技术而撰写相关图书。一般来讲，写书是他们工作的一部分，会被纳入工作时间，所以他们不会像普通开发者那样必须用业余时间来写书。

专职技术图书作者，指的是以写作技术图书为生的人。写软件开发技术图书就是他们的工作。他们往往把写书当作一项工程来做，选题时要研究受众大小，评估销量，以尽可能提升投入产出比。因为把写书当作工作，所以他们会更专注，不停地学习、研究新技术，不停地设计并撰写图书。

3. 写作软件开发技术图书有哪些门槛？

写作软件开发技术图书常见的门槛有 4 个。

- 技术积累。你必须特别熟悉软件开发的某一种技术，才能写书来教授他人相关的知识。达到能够教他人学点什么的程度，需要花费相当多的时间和精力。
- 课程设计能力。一本技术书往往就是一门课程，需要写作者能够合理规划整本书的内容，设计它的结构和呈现方式。

- 写作能力。作者需要设计文章结构、组织素材并流畅地把文章写出来。
- 出版。找到出版社出版自己的书稿。

4.写作软件开发技术图书的平均回报如何？

写书的回报主要是版税。一本书作者可以拿到的版税，是售价的 3% ～ 10%。一般的技术图书，销量在 5000 ～ 8000 册。版税的计算公式为：售价 × 销量 × 版税率，另外还需要扣除个人所得税。

5.写作软件开发技术图书的投入周期是多久？

技术图书的选题、策划、大纲确立等流程，一般需要花费 1 ～ 2 个月，写作周期一般在 3 ～ 6 个月，两到三次的修改时间为 1 ～ 2 个月。平均下来，写一本技术图书，需要 8 个月左右的时间投入。

这些信息是怎么得来的呢？通常有查阅图书、聆听课程、网络检索、人物访谈 4 种方法可以获得。

1. 查阅图书

有一些事情或职业，会有人写书来讲具体怎么做。比如你正在读的这本书，有将近 30 个案例，从这些案例中，可以看到某种副业（职业）的信息，再比如《DK 职业百科：走进社会的理想工作指南》《走第三条道路——与你一起做自由职业者》《知识变现》《人人都是产品经理》《从零开始做运营》《社群营销实战手册》《互联网＋秋叶课堂：我的网课创业》等图书，就涵盖了心理咨询师、语言治疗师、私人教师、网店店主、插画师、专栏作家、手工艺人、摄像师、音响师、会计师、软件工程师、厨师、导游、社会工作者、产品经理、运营、网课等数百种职业或事情。

2. 聆听课程

图书的信息会相对滞后，一些新事物可能没有包含在其中，此时可以将讲述某种职业或介绍某件事情如何做的课程作为补充。现在有很多知识平台，比如知乎 Live、喜马拉雅、网易云课堂、51CTO 学院、腾讯云课堂、千聊、荔枝微课、得到等，上面都有大量课程，其中有一部分职场类的课程，会讲某个职位、某件事情的具体内容，尤其是知乎 Live 上面，有很多讲职位和特定事情怎么进行的语音小课，可以付费学习。

3. 网络检索

网络检索的渠道可以细分为搜索引擎、专业网站或论坛、问答网站3类。

使用搜索引擎检索你感兴趣的事情或职业相关的关键词，可以找到非常多的信息。目前，有多个搜索引擎供我们选择，我们都可以试试。

很多职业都有专业的网站、论坛，里面有很多信息可以挖掘，比如人人都是产品经理、CSDN、插画中国论坛等，这些社区或论坛都提供有搜索功能，我们可以使用特定关键字检索相应的信息。

网络检索的第3种形式是使用问答网站，比如知乎，上面有各种"如何体"的提问，可以通过搜索类似"如何成为一名插画师""如何成为一名会计师""如何成为一名宠物医生""如何成为兼职平面模特"这样的句子找到问题和答案。如果你检索不到需要的信息，也可以自行提问。除了知乎，还有很多问答平台或具备问答功能的软件，如在行一点、悟空问答、微博问答、天涯问答、百度知道、搜狗问问、360问答等，你都可以在上面检索你需要的信息或提出你的问题。

4. 人物访谈

人物访谈是非常直接有效的方式。只要你找到正在做或做过某件事情的人，直接询问我们的5个问题，就可以获得真实又有温度的资料。

目标人物可以从你的朋友圈、工作圈中找，也可以从网络社群（比如微信群、QQ群、论坛、知乎等）中寻找，还可以付费向别人提问或咨询，比如通过在行一点、微博问答、知乎付费咨询、在行等平台，找到与你想了解的事情或职业相关的答主进行提问咨询。

如果你在前一章扫描出的副业选项很多，制作快照这一步，可能会相当耗时，也可能会让你感到厌倦，但请相信，哪怕花上10天时间，相比随意选择后胡乱尝试的时间和精力成本来讲，也是更划算的。

你可以用Excel表格保存你的快照，如图4-1所示。

一张工作表（Sheet）保存一个副业选项，方便查看。

1	什么是写作软件开发技术图书?	写作软件开发技术图书,指的是针对某一种软件开发技术,比如Java、Python、设计模式、微服务、Node.js等,撰写教程,教会读者该技术的相关知识,指导读者使用相关技术开展软件开发实践。
2	哪些人在写作软件开发技术图书?	写作软件开发技术图书的有3类人:开发者、特定技术研究者、专职技术图书作者。 开发者写书,一般是源于在软件开发工作中在特定技术领域积累了丰富的知识和经验,想要分享给更多人知道,一方面帮助他人,一方面可以建立个人品牌和影响力……
3	写作软件开发技术图书有哪些门槛?	写作软件开发技术图书常见的门槛有4个。 1)技术积累。你必须特别熟悉某一种技术,才能写书来教他人。达到能够教他人学点什么的程度,需要花费相当多的时间和精力,不是一朝一夕之功。 2)课程设计能力……
4	写作软件开发技术图书的平均回报如何?	写书的回报,主要是版税。一本书作者可以拿到的版税,是售价的3%~10%。一般的技术图书,销量在5000~8000册。版税的计算公式为:**售价*销量*版税率**,另外还需要扣除个人所得税。
5	写作软件开发技术图书的投入周期是多久?	技术图书的选题、策划、大纲确立等流程,一般需要1~2个月,周期一般在3~6个月,两到三次的修改1~2个月,平均下来,写一本技术图书,需要8个月左右的时间投入。

图 4-1　Excel 保存副业选项快照

你也可以将快照存在有道云笔记中,用电脑、手机都可以操作。我是建立了"副业—副业选项—副业选项笔记"这样的目录结构,如图 4-2 所示。

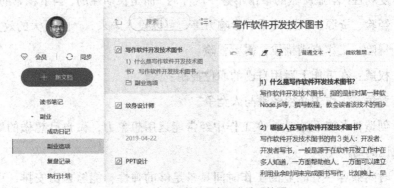

图 4-2　有道云笔记保存副业选项快照

请在"副业选项"文件夹下面为每个副业选项建立一个笔记,把我们的 5 个问题和相应的回答放在笔记中。

请你选择适合自己的工具,给你在第 3 章找到的副业选项,一一建立快照记录。

其次，确定你关心的副业特质，筛选出副业清单

有了副业选项的快照，接下来我们就要对副业选项做第 1 个维度的筛选：根据我们想要的副业特征，选出适合我们想法的那些选项。所以我们现在要做的工作是明确自己想要什么样的副业。

副业的 46 种特质

我在《程序员的成长课》一书中提供过一份工作特质清单，列出了一份工作的 43 种特质。这些特质中的大部分，也适用于副业的选择，因为副业本质上也是一份工作，它与主业的差别仅仅是工作时间和劳动关系不一样。因此我根据《程序员的成长课》一书中的工作特质清单，整理出了适合副业选择的 46 种特质。

1. 成本低：副业想法具有可接受的启动成本。

2. 丰富性：副业可以从体验、视角、内容、精神等方面增加生活的丰富程度。

3. 复利性：副业所做的事情不是一次性的，而是长期性的，当下积累的知识、技能、经验、资源、人际关系、影响力等，可以投入未来，产生更大的效益。

4. 冒险：工作充满挑战，需要冒险。

5. 权威：在工作上运用自己的职位控制别人。

6. 竞争：工作中必须经常与人竞争。

7. 创造性与自我表达：在工作中经常能运用想象力，做自己想做的事，说自己想说的话。

8. 时间兼容性：副业的工作时间具备足够的弹性，能够自由安排，可以很好地适应全职工作（或者至少不产生冲突）。

9. 助人：能够对别人的困难提供直接的帮助。

10. 收入：副业能够赚到符合自己期望的钱。

11. 独立：自己有充分的自主权，决定要做什么和怎样做。

12. 影响他人：工作上能影响他人的意见或决定。

13. 智性刺激：工作本身需要相当程度的思考与推理。

14. 领导：在工作中能够指导、管理、监督他人。

15. 户外工作：工作的地点在户外。

16. 说服：工作的性质是说服他人行事。

17. 劳动：工作需要用到许多体力劳动。

18. 声望：工作能使自己在别人面前、邻里之中有地位、有尊严。

19. 公共关注：工作能使自己很快得到别人的注意。

20. 公共接触：工作需要经常与公众接触。

21. 公共认可：工作有利于自己变成公众人物，获得公众认可。

22. 研究：工作上能发现新的东西然后应用它。

23. 例行性：工作有着固定的流程，不必经常改变。

24. 季节性：只在每一年的固定时间段才工作。

25. 旅行：工作需要经常旅行。

26. 变异性：工作的职责经常更改。

27. 照顾小孩：工作的对象是孩童。

28. 手部操作：工作中大部分需要手部操作。

29. 机械操作：工作中大部分需要运用到机械等设备的操作。

30. 数字运算：工作中大部分需要运用到统计学或数学。

31. 培训指导：有优秀的导师或主管进行一对一指导或可参加有体系的培训。

32. 工作强度：工作需要经常性地加班，工作节奏快。

33. 团队氛围：和谐、富有生产力的团队氛围。

34. 考评制度：有公正、透明、合理的绩效考评制度。

35. 个人成长性：工作存在职位序列、收入、影响力等方面的成长空间，或有利于个人知识、技能、解决问题的能力等内在价值的提升。

36. 领域成长性：副业所属领域，具备成长性，值得长期投入。

37. 工作环境：工作环境舒适、环保、健康。

38. 食物：工作期间能获得营养、健康、美味的食物。

39. 艺术性：工作内容与艺术审美相关，以顺带获得审美愉悦。

40. 通勤时间：工作地点与居住地之间的通勤时间合理，最好不超过 1 小时。

41. 形象：工作内容使得自己能保持比较好的公众形象。

42. 人际关系：自己的性格能够与共事组织的人际关系氛围匹配。

43. 兴趣相关性：工作内容与自己的兴趣有一定相关性，最好不要是自己排斥的。

44. 发展专长：工作中可以不断运用到自己的专长，或者自己期望培养的专长。

45. 尊重：工作中能够获得同事们的尊重。

46. 目标相关性：比如将来的目标是从事 ×，眼前这份副业有助于积累需要的经验；比如目标是提升主业的效率，眼前的副业可以锻炼主业用到的技能，丰富主业所需的知识和经验。

选出最看重的 3 种特质，筛选出副业清单

我们选择一个副业选项，往往是因为它的某几种特质被我们所看重。

2013 年年底我刚开始做副业时，选择了写技术博客，这是因为对我来讲，它具备兴趣相关性、公共认可和发展专长这 3 个重要特质。

兴趣：我从小就喜欢读书，希望有自己的作品，大学时也发表过作品。

公共认可：在互联网时代，写作是最容易帮助我们走出工作和生活的小圈子，获得公共认可的方法。

发展专长：技术博客可以发挥我在工作中积累的技术知识、经验，同时也符合我把写作培养成自己专长的期望。

请认真阅读并思考前面的 46 种副业特征，参照自身的知识、技能、经历、体验、经验等，挑选出最重要的 3 个，按重要性从高到低排序，填入表 4-1 中。

表 4-1　最在意的副业特质

1.
2.
3.

注意，某些特质可能需要细化。比如培养专长，你需要明确你要培养的具

体专长，比如写作、讲故事、做思维导图、开车等；比如收入，需要给定一个期望范围，比如每月 3000 ～ 5000 元。

接下来，请审视你的副业选项快照，把具备上面 3 种特质的副业想法挑选出来，填入表 4-2 中。

表 4-2　符合最在意特质的副业选项

副业想法	符合的特质
1.	
2.	
……	

以我为例，根据我看重的 3 个特质"兴趣、公共认可、发展专长"进行第 1 个维度的筛选，结果如表 4-3 所示。

表 4-3　符合最在意特质的副业选项

副业想法	符合的特质
1. 写技术博客	兴趣、公共认可、发展专长（既有优势＋写作专长）
2. 写小说	兴趣、公共认可、发展专长（培养故事写作专长）
3. 给《程序员》写专栏	兴趣、公共认可、发展专长（培养专栏写作专长）
4. 语音问答	公共认可
5. 职业规划师	公共认可、发展专长（培养咨询专长）
……	

接下来，认清自我，过滤副业

特质清单像橱窗，特质像一种商品，吸引我们挑选出自己想要的。这是很多女性逛街购物的逻辑：由商品触发需求，促成交易。还有一种逻辑是由内而外，从自身挖掘出需求，然后根据需求来选择商品。这是不少男性买东西的逻辑：先想清楚自己要什么，进店买了就走。

上一节我们运用由外而内的逻辑，找出了自己最看重的 3 种工作特质并以此筛选出了一个副业选项清单。这次，我们运用由内而外的逻辑，先认识自己，盘点、分析出自己的知识、技能、兴趣、擅长、需要等，然后根据它们，筛选出一个新的副业想法清单。

接下来我们提供3种认清自我的方法：乔哈里视窗与360度访谈、被询分析和成就事件分析。

乔哈里视窗与360度访谈

著名心理学家约瑟夫·勒夫（Joseph Luft）和哈利·英格拉姆（Harry Ingram）在20世纪50年代共同研究开发出了一个"自我意识的发现-反馈模型"——乔哈里视窗（Johari Window），它可以帮助我们更好地介绍自我和相互了解。

乔哈里视窗将一个人的认知分为4个窗口，如图4-3所示。

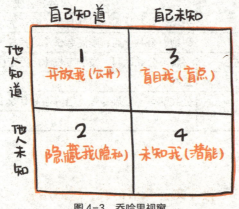

图 4-3　乔哈里视窗

由图可知，第1窗口称为开放我，指的是我们自己知道、别人也知道的部分，即内外认识都一致的透明的自我侧面，比如我们的长相、性别、籍贯、学历等，也包括一些个性成分。

第2窗口称为隐藏我，指的是我们自己知道而别人不知道的部分，比如童年往事、成长中的某些痛苦、身体上的隐疾等。

第3窗口称为盲目我，指的是我们自己不知道而别人了解的部分，比如一些口头禅、紧张时刻的习惯性动作（摸鼻子、扶眼镜等）、擅长的事情等。

　　　　　　　　　副业赚钱之道　从0到1打造多元化收入

第4窗口称为未知我，指的是我们自己不知道而别人也不知道的部分。这部分往往隐藏着一些因为没有机会实践而不被人知晓的潜能，比如一个人可能因为没机会骑上马背而不知道自己是一个好的骑手，一个人可能因为从未尝试过烹饪而不知道自己擅长烹饪。

从乔哈里视窗中，我们可以找到两种认识自己的方法。

1. 360 度访谈。

2. 尝试新领域的各种可能性。

360 度访谈能帮助我们从他人那里获得反馈，发现自己没有看到的自我。执行时具体分为 4 个步骤。

第 1 步，列出一份你认为能够帮助自我增强认知的问题清单。

这些问题最好是成对的。比如"我的优点是什么？"和"我的缺点是什么？"，"你认为我适合干哪一行？"和"你认为我绝对不适合干哪一行？"，"你认为我做得最好的事情是什么？"和"你认为我做得最差的事情是什么？"，"我哪方面知识最渊博？"和"我在哪方面特别无知？"，"你认为我最擅长什么？"和"你认为我拙于什么？"，"据你观察，我常常因为什么事情高兴？"和"据你观察，我经常因为什么事情难过？"，"我什么时候最兴奋？"和"我什么时候最低落？"，"我在什么事情上花费时间最多？"和"我在什么事情上不愿意花费时间？"。

注意，做 360 度访谈的目的是为了发现自己没有意识到的性格特点、天赋、知识、技能、兴趣、专长等，你的问题要围绕着这个目的来设计。可以把你的问题填入下面的 360 度访谈问卷，以便管理如表 4-4 所示。

表 4-4　360 度访谈问卷

序号	A 面	回答	B 面	回答
1	我的优点是什么？		我的缺点是什么？	
2				
3				
……				

你也可以使用金数据、麦客等表单工具制作你的 360 度访谈问卷，编辑完成后，可以非常方便地通过微信分享链接给你的受访人。我在为本书搜集资料时，

就使用了麦客表单工具设计副业调研问卷。

第 2 步，确定你要访谈哪些人。

访谈对象可以从你的父母、爱人、朋友、上司、同事、下属、客户、网友中选择。你自己也应当进入受访人列表，尽量客观地回答你列出的问题。

第 3 步，访谈。

访谈时，优先考虑面对面访谈，这样更容易获得较准确的答案，因为如果有什么不清楚的地方，或者你想对某个回答做进一步了解，可以实时跟进。在不方便面对面时，可以通过电话、邮件、微信等方式进行访谈。不管你采用面对面访谈还是利用某种通信工具，最重要的诀窍是强调自己对诚实答案的渴求。不然的话，访谈还有什么意义呢？

第 4 步，总结。

把从受访人那里收集到的反馈汇总到一起，分门别类地提取性格、知识、技能、优点、缺点、擅长的事、短板等，填入表 4-5 中。

表 4-5　自我认知

优点		缺点	
博知领域		无知领域	
擅长做		拙于做	
突出技能		缺乏技能	
兴趣		厌烦	
适合行业		回避行业	
兴奋时刻		低落时刻	
愉悦时刻		难过时刻	
……		……	

尝试新领域的各种可能性，是指通过多尝试未曾参与过或具有挑战性的活动、事务来了解自己的极限。

Lei 是一家三甲医院的医生，他的爱人是小儿推拿专家，2015 年年底创立"小儿帮"，但当时市场认可度较低，Lei 的爱人每天都要联系宝妈，上门给孩子做调理。可因为周围的家人不理解、不信任小儿推拿，Lei 的爱人每次上门都压力重重，晚上回家经常和 Lei 感叹，要是有个人能帮着做运营和推广，能让更多的人接纳儿推就好了。

Lei 擅长分析问题，运营推广之类的事情他从未做过，这对他来说也是一个巨大的挑战，可他不忍看着爱人受苦，就决定帮着爱人做小儿帮的运营和推广。他从零开始琢磨活动策划，撰写运营策划案，可做了几个月，并不见起色。这让他开始怀疑自己的能力，怀疑自己的策划对爱人的公司是否有必要，这种持续的自我怀疑与否定，让 Lei 几度想要放弃，可这毕竟是他爱人的事情，他不可能说放弃就放弃。

有一次，Lei 连夜工作到凌晨 3 点才把一个活动方案敲定，他忽然感到特别轻松又特别有成就，他直觉这次活动一定可以取得很好的效果。

隔天，活动落地执行，吸引了超过 100 人次的有效参与，其中包括 20 多位之前不相信儿推的宝爸。这样的效果，让 Lei 和爱人有种"山重水复疑无路，柳暗花明又一村"的感觉。特别是 Lei，蓦然觉得原来围绕在自己的医学专业周围的能力墙被粉碎了，他豁然明白，多尝试与自己惯常工作不一样的事情，真的可以让人触碰到新的能力边界。

那次经历后，Lei 坚定了自己可以做好运营的信心。到现在，他已经兼职做小儿帮的运营和推广 4 年了。

Lei 通过尝试从未做过的工作，发现了自己的文案撰写、活动策划、推广等能力，拓展了自己的能力边界。我们在日常生活中也可以像 Lei 一样，采用"尝试新领域的各种可能性"这种策略，不断挖掘自己的潜能，比如每年学习一种新技能，每年结识几个不同工作、生活背景的朋友，每月做一件自己之前不可能做的事情，等等。

被询分析

岳女士在一家为民航类企业提供维修业务的公司做人事管理工作，有了孩子后，她坚信父母必须不断学习如何养育孩子，才能更好地陪伴孩子成长。她特别注意对育儿知识的学习，主动学习正面管教、儿童心理学、林文采老师的书和课程等，积累了丰富的知识和方法，并且她不断将所学的知识用于实践。

周围的宝妈们经常找岳女士咨询育儿问题，俨然把她当成了专家。

随着不断地与来咨询的宝妈们沟通，岳女士发现竟然有这么多家长缺乏必要的育儿知识，同时也不知道关于育儿要学什么、到哪里学，于是她就决定尝试开发一门课程，糅合正面管教、儿童心理学、儿童不良行为矫正等内容，帮助家长们获得一些基本的育儿理念和方法。

经过分析，岳女士发现K12教培机构（专推于学前教育至高中教育的培训机构）是家长们聚集的地方，于是她就找了几家K12教培机构去谈合作。因为她开发的家长课程，可以在帮助家长的同时，提升复购率，树立培训机构的口碑，校长们都很乐意和岳女士合作。

岳女士能够与K12教培机构合作家长课程，开启副业之路，源于她分析自己经常被咨询的问题发现了机会。

你肯定也有过很多被咨询的经历：朋友、家人、同事、同学，经常会在一些事情上征询你的意见。你被咨询的这些事情，很可能就是你经验丰富、见地高明的领域，而你自己有时是不知道的（参考乔哈里视窗模型）。如果你可以将这些事情转换为副业，那么你成功的可能性就会比较大。所以，请回忆一下你身边的朋友们主动向你咨询过的事情或问题，填入表4-6中。

表4-6　被询分析

被征询意见的事情	分析结果
1.	
2.	
3.	
4.	
......	

然后，请分析这些事情，看看你为什么会被咨询。如果自己判断不准确，那就联系咨询你的人，让他们回答这个问题——"你找我咨询这个问题，是出于什么考虑？"如果他们说不上来，就请他们在知识、技能、专长、兴趣等方面做出选择。

经过这样的分析，就可以找到你拥有的、同时对别人有价值的知识、技能、专长、兴趣，然后请把它们填入上表中。

成就事件分析

我们每个人都会有一些清晰记得的、让自己感受到明显的成就感的重要事件。这些事件不论大小，涉及范围不限，包括工作、社交、情感、爱好、学习经历、精神追求等各个方面，只要它们发生时你因为有成就感而开心，它们就是你的成就事件。

比如你帮助客户解决问题后很开心；比如你给同事讲解了一门技术课程，反馈不错你很开心；比如你卖出去了一部手机很开心；比如你写了篇文章很开心；比如你做了一道菜很高兴；比如你画了一幅画很自豪；比如你跑完了人生第 1 个马拉松很高兴……

请用心回忆，把这些带给你成就感的成就事件找出来。

在寻找成就事件时，重点关注那些"即便没有物质回报也愿意投入去做的事"和"做好了给你带来愉悦和成就感的事"。这些事就是你感兴趣的，能给你带来成就感的事，它们当中很可能就有某件事会成为你想要在业余时间全情投入的副业。

列出成就事件后，接下来我们要用"5W1H 分析法（六何分析法）"，从中挖掘出对你来讲意义非凡的知识、技能或兴趣领域。

5W1H 是从美国政治学家拉斯维尔提出的"5W 分析法"发展而来的一种思考方法，最早用于企业生产项目的管理。

5W1H 通过对选定的项目、工序或操作，提出事情（What，何事）、原因（Why，何因）、地点（Where，何地）、时间（When，何时）、人员（Who，何人）、做法（How，何法）等 6 个方面的问题来帮助思考和分析。

5W1H 分析法既能运用于企业经营，也可运用于个人日常生活和工作。

我将 5W1H 稍作调整，用作我们分析成就事件的框架。

1.What，描述成就事件是什么

事情到底是什么？还有类似的事情吗？这些事情之间有什么关联？

2.Where，分析成就事件与地点的关联性

事情是在哪里做的？为什么偏偏要在这个地方做？换个地方行不行？到底应该在什么地方做？

3.When，什么时候

这件事情是在什么时候发生的？为什么是在这个时候？能不能在其他时候？到底应该在什么时间做？

4.Who，和谁在一起

这件事情是和谁一起做的？为什么是和他做？能不能换一批人？到底应该和什么样的人一起做？

5.Why，通过问为什么，探究做这件事的动机

为什么做这件事？为什么非做不可？为什么会有成就感？

6.How，如何做

事情是怎样做的？为什么用这种方法来做？有没有别的方法可以做这件事？到底应该怎么做这件事？做这件事用到了什么知识和技能？

以"我大三拿到第 1 笔稿费"这个成就事件作为例子，5W1H 分析如下。

- What：在《中国青年》发表第 1 篇散文，拿到 100 多元稿费。
- Where：学校宿舍；可以是任何安静的地方。
- When：2001 年；任何时间都可以，没有特殊要求。
- Who：自己；想持续发表，应该和编辑建立稳定关系。
- Why：喜欢写东西；能发表自己的作品有价值感。
- How：写文章，信件投递或电子稿件投递；如和编辑有联系，可直接提交给编辑。

经过这么一分析，可以发现以下几点。

- 我很看重他人认可，渴望被尊重。
- 我拥有写作技能，并且愿意通过写作获得成就和认可。
- 我乐意看到自己的文章发表在公共媒体上，如杂志、报纸等。

有了这些发现，我的未来发展方向可能就有了。而且你可以看到，我现在就在做这些事情。

过滤副业选项

360度访谈可以帮你从他人那里获取关于你优缺点、知识、技能、兴趣、擅长等方面的反馈，被询分析从你经常被征询意见的事情或问题中找出你所拥有的对他人有价值的知识、经验和技能，成就事件分析从令你体验到成就感的事件和经历中挖掘出知识、技能、感兴趣的领域。

经过这3种方法的分析，现在，请你从得到的结果中，挑出3件你擅长的事情、3种你想持续发展或培养的技能、3个你愿意投身的行业或领域，填入下面的表4-7中。

表4-7　自我价值分析

擅长的事	
持续培养的技能	
感兴趣的领域	

现在，请审视你的副业选项快照，把与上表中有关的想法都摘录出来，填入表4-8中。

表4-8　符合自我分析的副业选项

副业想法	符合的特质
1.	
2.	
……	

比如分析之后，与我匹配的副业选项可能有以下几个方面，如表4-9所示。

表4-9　符合自我分析的副业选项

副业想法	匹配的特质
1. 写书评	爱读书，爱推荐书给别人，爱写分析性文章
2. 职业规划师	特别爱给建议
3. 声优	声音好听
……	

最后，给副业做可行性分析，找出要尝试的选项

生成备选副业清单

通过从外而内的工作特质选取，我们找到了自己最看重的 3 个工作特质，根据它们筛选出了第 1 份副业清单。

通过自内而外的自我认知分析，我们找到了 3 件擅长的事、3 种想持续发展或想培养的技能、3 个感兴趣的行业领域，根据它们筛选出了第 2 份副业清单。

现在我们要做两件事。

1. 比较两份清单，找出重叠的选项，标注出来。这将是你要优先考虑的副业选项，因为它既符合你对副业的外在要求，又匹配你自身已有的资源。

2. 将这两份清单合并为一份（注意将第 1 步标注出的副业想法放在最前面），结果可能如图 4-4 所示。

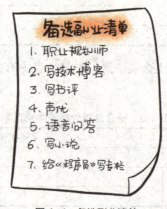

图 4-4　备选副业清单

接下来，我们要对备选清单中的副业选项做可行性分析，从中挑出一个最可行的副业想法，将之付诸实践。

副业的可行性分析可以分成两个部分。

● 副业本身难不难。

● 个人资源相对副业难度因子的胜任度。

副业可行性分析第 1 步——副业难度 5 因子

我们先来看如何评估副业的难度。难度是一个很难量化的说法，我们在这里采用分而治之的方法，尝试从以下 5 个方面来描述一种副业的难度。

1. 时间复杂度。

2. 金钱成本。

3. 技能复杂度。

4. 交互复杂度。

5. 关键因素可控性。

时间复杂度分为时间周期和投入频度。

时间周期，指的是从零开始到做成该副业需要多久。比如你要将瑜伽老师作为你的副业，时间周期指的就是从你开始学瑜伽到稳定地在一个瑜伽会馆教课需要多久。第 1 章我们介绍过谷子，她的副业就是瑜伽老师。2017 年年初她决定要做瑜伽老师，2017 年 8 月 30 日她拿到高级瑜伽老师认证证书，2018 年 5 月她进入莲静瑜伽会馆做教练，这个过程经历了大约一年半的时间。有不少兼职瑜伽老师，可能会花费将近两年的时间。我们可以把两年，看作从零开始成为兼职瑜伽老师的时间周期。有的副业可能需要更久，比如心理咨询师，从开始学习、考证，到拥有稳定的客户来源，需要 4 ～ 5 年的时间。

投入频度是指一个人在一个时间周期内为副业投入时间的次数。比如彭小六每天晚上做线上分享，每周末两天在两小时生活学习圈内奔波，这就是非常高的频度。比如 Qt 侠每天晚上学习 Qt 技术，每天在 QTCN 发布帖子，这也是非常高的频度。这样的高频，大部分是人做不到的。比如我做分享，平均一个月一次，这种非常低的投入频度，造成我没有经过"烈火"淬炼，分享水平始终不高。

生涯畅销书《洞见》和《在人生拐角处》的作者赵昂，决定全心投入于生涯规划领域后，2012 年做了 300 多次咨询，连续 3 年保持同样频度，3 年期间几乎没有休息过一天。正是这样的投入频度，才铸就了赵昂在生涯领域的专业度、口碑和影响力。像赵昂所做的职业规划这类事情，没有足够多的个案经历，强度就上不去，咨询功力就提升不起来，就很难达到专业水准。很多学习了生涯规划技术，想把生涯规划作为副业的人，都因为没有足够高的投入频度，迟迟无法突破，难以把生涯规划这个副业立起来。

如果彭小六不是保持周内每天晚上学习和分享，周末每天在两小时生活学习圈内辛勤耕耘，亦绝不可能在短短两年时间内，从三线城市的程序员变身为知识领域的头部IP。

有很多很多的事情都需要足够高的投入频度，频度不够，就算你把周期拉得很长，也做不成。当然反过来说，很多事情也有其自然规律，不经历一定的周期，绝难取得成果。

金钱成本是指做一件事需要投入的金钱。根据所做事情不同，金钱成本的差异很大。比如你要将职业规划师作为自己的副业，最起码的成本是参与认证培训的钱，大约2万元。而如果你要将写博客作为自己的副业，则几乎是零金钱成本。

技能复杂度可以从两个方面来评估，一个是副业所需技能和知识领域的数量，一个是技能和知识领域的难度。比如肥zao的副业儿童礼仪讲师，所需技能和知识，最起码包括课程设计、PPT设计、讲授、礼仪知识等，而Peter魏的副业同城快递骑手，则需要骑电动车、使用抢单软件这两个技能。从难度上讲，骑电动车可能比课程设计要容易一些，使用抢单软件可能也比掌握各式各样的礼仪知识要容易一些。

交互复杂度主要指目标副业与人或组织的交互环节、参与人员、交流信息种类与数量的多少。有的副业交互比较简单，比如写作技术图书，交互环节分为选题、签订约稿合同、写作、提交初稿、签订出版合同、出版等，交互的对象，大部分情况下只有策划编辑一人。而有的副业的交互就相对复杂，比如子木的爱·See亲子社群，每次开工作坊，都需要和宝妈、讲师、场地方、赞助方、联办社群、团队成员等频繁交互。

关键因素可控性，指决定一种副业的各种关键因素是否在你的可控范围内。比如本超做课程分销，关键因素就有3个——课程质量、推广文案、受众匹配度。而这3个因素，他都很难做到完全控制，所以他分销课程，有时一晚上能赚到几千元的佣金，有时则只有几十元。而世正做纹身设计的3个关键因素——客户沟通、图案设计、纹身实施，则基本都是可控的。关键因素的可控性越高，事情取得成功的概率就越高。当关键因素不可控或只有一小部分可控时，结果就存在很大的变数，我们需要调试自己的心态，做好自己的心理建设。

我把时间复杂度、金钱成本、技能复杂度、交互复杂度和关键因素可控性合称为副业难度5因子。

副业可行性分析第2步——胜任度分析

相对个人来讲，一个副业难度因子的难度，和这个人掌握的资源有关。这里的资源是一个宽泛的概念，包括时间、精力、知识、天赋、品牌、兴趣、技能、金钱、不动产、注意力等。个人拥有的可以克服某个难度因子对应的资源越多，这个难度因子对他来讲就越容易。我们把个人资源对难度因子的克服程度称为胜任度：完全克服，胜任度为10；完全没招，胜任度为0。

要大致判断一个人做某种副业的可行性，评估其拥有的资源相对副业难度5因子的胜任度即可。

牛勃元是一家快时尚女装公司的培训经理，负责团队建设方面的培训工作。在做副业探索时，他尝试过社区垂直电商、教育等，但都没能成功，因为社区垂直电商和教育，需要大量时间和金钱的投入，而且与他目前所具备的技能和经验也不是特别匹配，综合难度很大。

2018年年底，朋友给牛勃元介绍了一个培训项目——天弘基金负责余额宝功能开发的信息安全部门的天津分部，要进行一个三天两夜的团队建设培训，地点在安徽宏村，团队人数共78人，团队成员大多是90后。

牛勃元很快做了评估：(1)时间方面，自己是培训经理，没有内部培训任务时，时间相对自由，可以安排过来；（2）金钱方面基本没有成本；（3）团队建设方面的知识、技能等自己全部拥有；（4）他经常做百人以上的培训，78人团队相应的交互复杂度不会有太大挑战；（5）团队建设培训的关键因素，基本上就是内容、呈现和互动，都在他的可控范围内。评估下来，牛勃元觉得这个培训项目简直就是为自己量身打造的，他非常高兴地接受了邀请，给出了这样的安排：第1天团队打造，第2天带有任务卡的景区游，第3天授权仪式。

最终通过前两天的团队融合与打造，大家相互之间的熟悉度变得更高，到授权仪式时，气氛和效果非常好。

经历这次培训后，牛勃元把副业定格在了团队建设培训，因为这件事对他来说虽有挑战，却都可以克服。

为了更好地评估，我们将个人资源简化为6个方面。

1. 能力，包括通用能力和专业知识与技能。通用能力指可用于多种工作场景的基础能力，如学习、信息搜索、人际沟通、演讲、计划、写作、谈判、营销等。专业知识与技能，指特定于某种工作场合的能力，如软件开发、跳水、CAD制图、谱曲等。

2. 时间，指个人拥有的工作外的可支配时间以及相应的时间管理能力。

3. 精力，指个人的精神和力气，有人一天可以有10个小时精力充沛，有人可能只有两个小时能集中精力。由此来看，每个人的精力和时间并不相同，有的人可能一天有14个小时是自己的，但只能工作1个小时，因为精力不够，超过1个小时精力就耗竭。

4. 事务带宽，指较短周期内的多任务管控能力，有的人一周可以并行处理20个任务，有的人一周只能并行处理两个任务，前者事务带宽大，后者事务带宽小。

5. 人际关系。

6. 金钱。

时间复杂度因子，主要匹配个人的时间资源和精力资源。大部分想要发展副业的职场人士都会遇到时间不够用的问题。但实际上，我们可能有很多被浪费掉的"隐藏时间"，比如通勤时间、早上5～7点、看电视的时间、刷朋友圈的时间等，这些时间都可以被挖掘出来，投到发展副业上。一般来讲，控制手机娱乐时间，每天可挤出1.5个小时左右的可支配时间。早起可赢得1～1.5个小时的可支配时间（彭小六的案例中有如何养成早起习惯的方法）。仅此两项，每天可以挤出 2.5 ～ 3 个小时的可用时间。如果打游戏、看电视、通勤的时间再挤一挤，还可再增加两个小时左右的时间。本书第 6 章提供了一个工具——时间日志，我们可以用来观察分析自己的时间流向，挖掘出可利用时间。

金钱成本匹配个人的金钱资源。

技能复杂度匹配个人已有的通用能力、专业知识、技能，当副业需要新技能时，还匹配个人的学习能力、时间和精力。当一种副业需要的知识和技能种类越多，个人不具备的知识技能越多，从个人角度看，进入难度就越大。但如果一个人有很好的学习能力和时间管理能力，精力也跟得上，那这种难度，其实也是可以克服的。

交互复杂度主要匹配个人的人际交互能力和事务带宽。人际交互能力和个人行为风格、职业兴趣有很大关系。子木经营爱·See 亲子社群、莫雨竹做中小型家庭教育机构管理咨询顾问，都需要比较强的人际交往能力，而这两位都是我在 DISC 双证班的同学。DISC 测评结果显示，他们二人都是使用 I 型风格较多的人。如果测试霍兰德职业兴趣，子木和莫雨竹的 S 值也会较高。我个人来讲，霍兰德职业代码是 IRA，分值较高的是 I 和 R，距离 S 较远，说明我不大适合社交型的工作，实际生活中也的确如此，所以我根本无法胜任子木和莫雨竹所做的事情。我们在评估对交互复杂度的胜任度时，应该考虑自己的行为风格和职业兴趣类型。

关键因素可控性依据关键因素来匹配个人特定的资源，没有定论。

潘飞就职于一家提供生涯咨询、就业指导、创新创业等服务的公司，任内蒙古自治区和甘肃省的区域经理，负责跟高校的招生就业处对接，提供面向老师的职业生涯规划、就业指导、创新创业等方面的教育培训。她的副业是做微商，通过朋友圈等线上工具销售某品牌的无痕内衣。公司负责设计、生产、策划活动、发货、售后、培训等，她负责销售。

2018 年 1 月 1 日，潘飞经过和无痕内衣创始人的两次线下交流，认同了对方的理念，试用了几款内衣后，感觉非常好，她决定尝试无痕内衣销售。她在朋友圈发了一条消息，说自己准备开店卖东西，但没有具体说明卖什么。她的很多好友在这条朋友圈下留言询问，她挑了其中几个关系好的好友私聊，当中有几位就成了她的第 1 批客户。

2018 年 1 月 3 日，潘飞正式开始在朋友圈发布内衣广告。到 2018 年 1 月 19 日，潘飞用 15 天时间卖出了 60 套单价 200 元以上的内衣。2018 年 2 月 24 日，潘飞卖掉了 120 套内衣，她在平台上的工作室也因此成功升级为门店。2018 年 6 月 24 日，她拿到了该品牌的"零售之王"称号，像她这种不囤货、不发货、不送货的门店，全品牌只有她一家。

潘飞认为她做微商卖无痕内衣之所以能有成果，是基于 5 个关键因素：（1）产品本身能带给顾客健康和美丽；（2）她的微信有 4000 多名好友；（3）朋友们对她的信任；（4）她不卖自己没有用过的产品；（5）她善于洞察顾客的需求。

在这 5 个关键因素中，潘飞可控的是后 4 个因素，匹配了潘飞的人际关系、人际交互能力和营销能力。对于第 1 个不可控因素，潘飞通过与她所代理无痕内衣品牌的创始人长达 10 个月（2017 年 2 月 19 日到 2017 年 12 月 21 日）的反复沟通，基于产品理念和价值观，做了第 1 重保障。然后在销售时，她又通过选择合适的产品和自己及亲密好友的试用，做了第 2 重保障，最终达到了有条件的可控。

我们介绍完了每个难度因子可能匹配的个人资源。实际评估时，需要你自己列出某个难度因子对应的资源，并且估算资源相对难度因子的胜任度。下面的副业机会评估表，可用于记录评估过程，遴选出可行性最高的副业想法，如表 4-10 所示。

表 4-10　副业评估表

	机会 A	机会 B	机会 C	…… …
能力				
时间				
精力				
事务带宽				
人际关系				
金钱				
总分				

副业机会评估中总分最高的选项，是我们开展副业的首选。

简便的可行性分析方法——对标法

前面所讲的方法是较为理性的分析方法，具有一定的难度，还有一种更为简便的可行性分析方法：对标法。即我们找到一个在做某个副业的人，评估自己和他的差距，判断自己能否在预期时间内做到他的程度。

比如你想做瑜伽老师，那就在你身边找一个类似谷子这样的兼职瑜伽老师，看看她是怎么做到的，问问自己能不能做到。

比如你想把 PPT 设计作为自己的副业，就在自己身边找一个正在利用业余时间帮别人做 PPT 设计的人，看看他是怎么做到的，问问自己能不能做到。

如有可能，可以向目标人物询问如下两个关键问题。

- 要做好_____，有哪些资源是必须的？
- 在做_____的过程中，你遇到过什么印象深刻的困难？

使用对标法，要避免乐观估计——我们往往觉得自己不比别人差，别人能做到的我们也能做到，然而我们要尽量客观地比较自己和别人的资源。

第 **5** 章

规划：

找到自己的副业路线图

本章我们来讲解 SEGAR 模型的第 3 步——Guide，假设你通过前面的 Scan 和 Extract 两个步骤，已经明确了副业方向，知道自己要做诸如写小说、开发日历软件、出售 Excel 视频教程、代驾、跑腿一类事情，那接下来要做的就是：用 SMART 原则清晰定义副业目标，通过生涯人物访谈了解实现目标的前提以及方法，最后借助倒推法完成实现目标的里程碑规划。

用 SMART 原则定义副业目标

经由可行性分析提取出的副业选项，还需要我们进一步找到这个选项中代表副业确立的节点。

比如 Peter 魏做同城快递骑手，代表副业确立的节点可能是"熟悉抢单软件在配送范围内各个小区的路线，能够合理稳定地抢单送货"。

比如谷子兼职做瑜伽老师，代表副业确立的节点可能是"成为某瑜伽会馆的兼职瑜伽老师"。

比如黄金进录制视频教程，代表副业确立的节点可能是"上线一门 Java 开发的视频课程"。

找到了表示副业确立的节点，就可以把这个节点作为发展副业的第 1 个关键目标，调动自己的资源去达成。接下来我们看怎样清晰定义你找到的这个目标节点。

好的目标需要符合 SMART 原则。SMART 是 5 个英文单词的缩写。

- S（Specific）：目标必须是具体的。
- M（Measurable）：目标必须是可衡量的。

- A（Attainable）：目标必须是可实现的，在付出努力的情况下可以实现。
- R（Relevant）：与其他目标有一定的相关性。
- T（Time-bound）：目标必须有明确的时间期限。

我们以一个"我要写书"这一副业目标为例，来具体了解一下SMART原则，看看怎么用它来改造我们的目标。

具体性（Specific）

用具体的语言清楚地说明要做的事情。我们的描述应当使别人看了不会产生模糊不清的感觉，不需要做进一步说明，别人就知道我们在说什么事情。

"我要写书"这个目标中的"写书"的说法就不够具体。因为书的种类太多了，别人看到"写书"两个字，还是不清楚你到底要做什么。所以，我们要进一步明确"写书"这件事，采用更具体的方式来明确目标，如图5-1所示。

图5-1 写书目标的具体化

"我要写书"变成"我要写一本都市爱情小说"，使人一看便知要写的是什么书。

可衡量性（Measurable）

目标必须是可衡量的，有数量化或行为化的指标，并且验证这些指标的数据或者信息是可以获取的。换句话说就是：我们必须知道满足了哪些条件，才可称为目标是达成了。如果你制订的目标没有办法衡量，就无法判断这个目标是否实现。

前面的目标示例"我要写一本都市爱情小说"，就缺少"目标怎样才算达成"的指标，别人看了之后还是会有疑问，不明白到底怎么样才算实现目标。这是因为，"写"这个字代表的是过程，没有最终状态。如果把"写"变成"公开出版"这个可以衡量的说法，别人一看就知道我们做到什么程度才算是达成目标了。修改后的目标如图 5-2 所示。

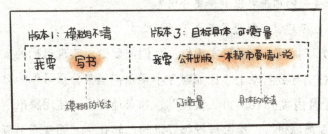

图 5-2　写书目标的可衡量化

可实现性（Attainable）

目标是可以通过努力实现的。目标应该高于现状，但又是跳一下能够得着的。举几个例子来说明下什么是可实现性。

一个财务会计专业的应届毕业生，定了"我要在一年内成为诺瓦电子的财务总监"这个目标，这就是一个不具可实现性的目标。因为现实情况是，一家中大型公司的财务总监，起码要求 5 年以上财务工作经验，很少会让一个刚毕业一年的新人担任。所以，更具有可实现性的目标是："我要在 3 年内成为诺瓦电子的财务主管。"

假如一个还没有做过软件开发的应届毕业生，定下了"我要在一个月内成为 C++ 语言的专家"这个目标，那这可能就是一个不切实际的目标。更具可实现性的目标是："我要在 3 个月内掌握 C++ 语言的基本语法、继承、多态、虚函数、STL 常见容器类。"要知道，C++ 并没有想象中那么好学，能在一个半月内掌握基本语法并且能够简单应用就非常不错了，像继承、多态、STL 这些内容，能够真地理解并应用，没有 3 个月以上的时间是相当难以达成的。

一个目标是否具备可实现性，我们自己要有判断。假如自己判断不出来，也可以参考领域规律或平均值。像"公开出版一本都市爱情小说"这样的目标，对从未写过超过千字长文的人来讲，可实现性就不高，对已经发表过一些短篇爱情小说的人来讲，可实现性就很高。

如果一个目标可实现性很低，你可以通过询问自己一些问题来将其转换为更具可实现性的目标。

- 这个目标在时间上可以调整吗？
- 这个目标的结果可以变得更小吗？
- 这个目标可以分解为若干个子目标吗？

通常，为了提升目标的可实现性，我们需要给出实现目标的策略，实现策略可以将目标引导到行动上。比如财务小梁想把运营公众号作为自己的副业，目标是"3 个月内吸引 10 000 人关注"，如果他配合"使用腾讯广点通投放广告""每周 3 篇原创""给大号投稿寻求粉丝转化""朋友圈引流"等策略，他的目标的可实现性就会提升。

相关性（Relevant）

目标的相关性是指要实现的一个目标与其他目标的关联情况。如果这个目标与其他的目标完全不相关，或者相关度很低，那这个目标即使实现了，意义也不是很大。

比如你的中期目标是"3 年内成为一个合格的 C++ 软件开发工程师，能够独立完成一个代码规模在 1 万行以内的软件模块的设计与开发"，那么你的短期目标"掌握 C++ 语言的基本语法"和中期目标就具有很强的相关性，是实现中期目标的关键一步。

假如你的目标是沿着中轴线参观中山陵，那么你可以把每一个台阶都可以看作一个小目标，等你爬完 392 级台阶，就可以到达中山陵开始参观。副业目标也是一样的道理，一连串的短期目标指向中期目标，若干个中期目标又指向远期目标，指向你工作或生活的愿景。

只有当目标和人生愿景相关联时，这样的目标才有实际的意义。这种关联性，可以通过短期目标与中期目标关联、中期目标与长期目标关联、长期目标与人生愿景关联这种递进的模式来保障。实际上还有一种"自顶向下"的方法（从愿景分解出长期目标、从长期目标分解出中期目标、从中期目标分解出短期目标）来从方法上保障关联性。

就副业来讲，目标的相关性，要参考个人整个的生活规划来评估。假如你是想要通过创造几种被动收入来改善收入结构，那跑腿、同城快递，与目标的相关性就很低，而写书、理财、录制视频课程，与其相关性就高一些。目标相关性的判断，是非常个人化的，建议回顾第1章"副业可以给我们带来什么"，认真完成该章的实践，站在整个生活规划的高度，想明白你想从副业中求得什么。搞明白了这点，你就很容易判断你的副业目标是否具备相关性了。

时间期限（Time-bound）

目标的时间期限就是指目标要有开始时间和截止时间，尤其是截止时间，必须具备。

比如我在2015年5月9日开始运营微信订阅号"程序视界"时给自己定的目标是"在2016年5月9日达到10 000关注量"，这里的2016年5月9日就是确定的时间限制。

如果一个目标没有时间限制，那有很大概率不会被实现。

那如何确定一个合理的时间期限呢？这里我们介绍3个方法。

（1）自己评估

对于自己有经验的事情，你可以自己评估一个合理的时间期限。比如老黄帮人做PCB Layout设计，分析了订单的需求后就能大致估算出所需工作时间，再结合自己的时间预算，就可以评估出周期来。比如我要写一本职场工具书，根据以往的经验，也能估算出大概的时间期限。

（2）参考领域均值

如果你设定的副业目标和你自有经验关联度不高，或者说你直接跨到了一个陌生领域，这个时候可以参考领域均值。比如你想成为兼职瑜伽老师，就可以通过网络检索获得一个参考值：2～3年。比如你想成为知识IP，那可以通过研究彭小六、Scalers、秋叶大叔、弗兰克、邹小强等人的经历，获得均值——5年左右。

（3）询问有经验的人

有时直接询问有经验的人会更高效。比如你想像Peter魏一样做同城快递骑手，那就到超市门口找几位骑手聊一聊，问问他们从入行到掌握常见接单技巧、跑熟经常活动的片区花了多长时间。比如你想成为职业规划师，可以来向我咨询。

接下来让我们来给之前的目标加上时限期限，如图5-3所示。

现在，"我要写书"这个模糊不清的目标，变成了"我要在2020年公开出版一本都市爱情小说"，这符合 SMART 原则，有时间、可衡量且具体，大家一看就明白我们在说什么，不会再有疑问。

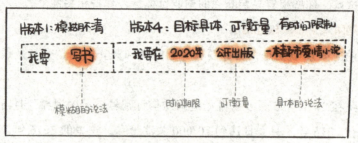

图 5-3　写书目标的时间期限

我们再给一个示例，用 SMART 原则改造"我要成为斜杠青年"这个目标。

第 1 步，具体化。"斜杠青年"是非常模糊的说法，我们将其具体化，如图 5-4 所示。

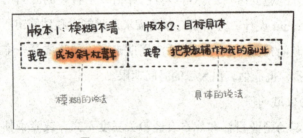

图 5-4　斜杠青年目标的具体化

第 2 步，加入可衡量的标准（指标）。想想看，卖教辅成为副业的标志是什么呢？我选择的指标是"在淘宝开店"，改造后如图 5-5 所示。

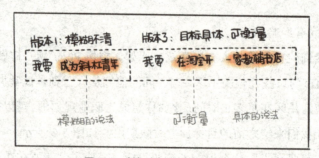

图 5-5　斜杠青年目标的可衡量化

　　　　　　　　副业赚钱之道　从 0 到 1 打造多元化收入

第 3 步，给目标加上时间期限，如图 5-6 所示。

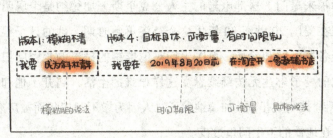

图 5-6　斜杠青年目标的时间期限

　　作为示例，我们只演示了怎样把目标改造得符合"具体化""可衡量""时间期限" 3 个原则，因为可实现性和相关性，必须得由你自己结合自身情况来判断。

　　现在请你来修订自己的副业目标，让其符合 SMART 原则。

通过生涯人物访谈搜集关键信息

　　确立副业目标只是第 1 步，也是相对容易的一步。看看我们书中的众多副业案例，你就可能受到启发，列出几个自己的目标。但是如何把目标落地，一步一步做出来，是有很多挑战的。最开始的挑战就是不知道怎么做。比如你确立了一个目标，2020 年公开出版一本都市爱情小说，那怎么来具体实施呢？完成目标要分多少个阶段？执行过程中有哪些典型的困难，怎么应对？如何寻找出版社？如何推广？这些很关键的问题，对于在目标领域没有经验的人来讲，都极富挑战性，甚至会将你"压倒"在行动之前，让你的目标"夭折"在"想想"阶段。

　　生涯人物访谈让我们能够跟那些从事自己理想副业的专业人士建立联系，向他们请教真实的副业状况，获得第 1 手的、有温度的资料。这些资料可以帮助我们找到实现目标的路径，让我们度过目标落地的危险期。

那什么是生涯人物访谈呢？

《当幸福来敲门》这部电影的主人公克里斯·加德纳是个聪明的医疗器械推销员，但在美国 20 世纪 80 年代这个经济萧条时期，他的日子很不好过。他每天奔波于各家医院和诊所，可医生们对他推销的昂贵的骨密度扫描仪根本不感兴趣。他的妻子琳达无法继续忍受这样艰难的生活，离开了他和 5 岁的儿子克里斯·托弗。接着克里斯·加德纳父子二人因为缴不起房租而被房东扫地出门，有时甚至要在地铁的卫生间里过夜。

这天克里斯·加德纳在去推销骨密度扫描仪的路上，看到一个人从红色敞篷跑车里出来，西装笔挺，脸泛荣光，浑身洋溢着成功者的气息，他就拦住了这个陌生人，直接问道："老兄，请教你两个问题。（Man, I got two questions for you.）"

这位陌生人笑了笑，等着克里斯·加德纳提出的两个问题："你是干什么的？你是怎么干的？"

这位陌生人回答克里斯·加德纳："我是一个股票经纪人。"

克里斯·加德纳又问："得上大学才能做股票经纪人，对吗。"

陌生人回答："不用，只需要精通数字，会为人处世。"

这次访谈改变了克里斯·加德纳的人生轨迹——他立志成为一个股票经纪人。他凭着执念和智慧打动了证券公司的经理杰·特维斯图，通过了初试，最后他又从 20 个实习生中脱颖而出，成为正式员工，最终成为投资专家。

加德纳所做的事情就是生涯人物访谈。虽然极其简洁，但却包含了生涯人物访谈的两个关键步骤。

● 确定访谈对象。

● 提出有效的问题。

生涯人物访谈是一种非常重要的获取职业信息的方法，但如果你准备不足，找到的人不合适，或者没能给受访者留下良好的第 1 印象，很可能什么关键信息也获取不到。所以我们必须要了解生涯人物访谈的完整步骤。

1.弄清楚你的目标是什么。

2.储备必要的背景知识。

副业赚钱之道 从 0 到 1 打造多元化收入

3. 找到合适的访谈对象。

4. 提出有效的问题。

5. 分析搜集到的信息。

第 1 步：弄清楚你的目标是什么。

曾经有人问我："安老师，我想做副业，我应该怎么做？"对于这种过于模糊的问题，我很难回答。但如果你问我："安老师，我想成为一名 C++ 软件开发工程师，怎么才能做到？"那我就可以给出非常具体的建议。

当提问者拥有明确、具体的要求时，帮助他们就变得容易多了。所以在你想要找人做生涯访谈时，一定要明确自己想要做的副业是什么。要明确这一点，把上一节定义的目标拿出来就可以。假如你有很多个副业选项，请选择和你的访谈对象相关的那个选项来提问。

第 2 步，储备必要的背景知识。

职业不仅仅是谋生的手段，它还是一个生活环境和一个圈层。不同职业的人拥有不同的专业知识，使用不同的"语言体系"进行沟通。每个圈层的人，会不自觉地将自己环境中的词汇当作通用语言，理所当然地觉得别人也应该理解。比如金融领域的从业者会觉得"M2、降准、CPI、存款准备金、隔夜拆借利率"这些词汇不用解释别人也应当明白，互联网领域的软件研发人员会认为"Java、Netty、多线程、MVC、抽象工厂"这些专用词汇不言自明。但实际上，不具备相应行业背景的人，根本就不知道他们在说什么。所以在我们访谈之前，一定要搜集必要的背景知识，做足基本的准备，不要让访谈对象迁就你的认知，而要让他们尽可能容易地与你交谈。

储备背景知识有两种常见的途径。

- **互联网检索**。现在是互联网和移动互联网时代，使用搜索引擎就可以很方便地检索到想要的信息。实在检索不到，还可以到知乎、悟空问答、百度知道等平台提问。

- **阅读相关书籍**。大部分领域都有很多"行业典籍"可供查阅，以你的目标为关键词，到当当、京东图书等在线书店上搜索，能找到很多相关图书。买上几本翻一翻，你就能了解到许多行业术语和行业内的奇闻轶事。

储备必要的背景知识，一来可以让你问出更具体、更专业的问题，二来可以让对方觉得你已经做过充分准备，尊重他的时间，这有利于达成一次愉快的访谈。

第 3 步，找到合适的访谈对象。

找准访谈对象是访谈成功的关键。通常值得访谈的对象应当是在你的副业目标领域中富有经验的人。比如你想将 PPT 设计发展为副业，就要找汤小小这样的人；比如你想做纹身设计师，就要找世正这样的人；比如你想兼职做理发师，就可以找你常去的理发店里的发型设计总监或者手艺比较好的师傅。只有正在某个领域做事的人或者有某个领域从业经验的人，才能给你真实有效的信息。

生涯访谈的目标可以从你的朋友、朋友的朋友、同学、校友中寻找；也可以从一些网络平台预约，比如你可以通过在行 APP 搜索"安晓辉"来约我，了解软件开发工程师、技术管理者或自由职业者的真实情况；还可以通过社交网络来找，比如微信群、QQ 群、知乎私信、专业论坛等。（请相信，那些愿意在网络上分享的人，也都愿意接受你的访谈。）

生涯访谈可以是面对面的，也可以基于社交网络来进行。

2015 年有人通过 CSDN 私信联系我，和我加了 QQ 好友，问了我两个问题：（1）我是如何做到 CSDN 博客全站排名 100 以内的；（2）我平时花多少时间在博客写作上。我告诉他运营技术博客的秘诀只有一个，那就是一直写，不要停。还告诉他我一周会投入 20 ～ 30 个小时的业余时间在博客写作上。后来这位小伙伴放弃了通过写作专业技术博客扩大影响力的想法。因为按照我的做法，他的业余时间会全部被写作"吃掉"，几乎没有任何用于娱乐的时间了。

这就是一次基于网络寻找访谈对象并且借助网络工具完成的生涯访谈。

如有机会，你可以访谈 3 ～ 5 个人，这样可以获得不同视角的信息，还可能获得实现同一个副业目标的多种策略。

我们在联系访谈对象时，最好明确说明自己的目的和访谈所需的时间。

第 4 步，提出有效的问题。

恰当且有效的提问才能获得有效的回答，从而搜集到有效的信息。如"你能为我提供一个机会吗？"就是一个很不恰当的问题，违背了生涯人物访谈的目的，也给受访者带来了不必要的麻烦。

恰当的问题要反映出你对目标领域的基本了解，以表明你不是在拿无聊的问题浪费他们的时间，并且所提问题要聚焦在他们的从业体验方面，这样你才能了解这份职业的真实状况。

有效的提问还应该是和你想从受访者那里获得的信息相关的提问。比如你的目标是"2020年公开出版一部都市爱情小说"，那"你是通过什么途径联系到出版社的？""像我这样第1次写书的人，还有哪些方式可以联系到出版社？"就是有效问题。

在已经明确目标的情况下，我们对于不熟悉的目标副业，最关心的信息分为3类。

1. 能得到什么样的回报。

2. 需要具备什么资格以及必须付出什么。

3. 怎样才能做到。

围绕以上3个方面，我准备了一份与副业相关的访谈清单，列出了18个常用的生涯访谈问题。

1. 您主业是做哪方面的工作？公司是哪个领域的？提供什么服务或产品？

2. 您是什么时候产生要在工作之外再做一些事情的想法的？目的是什么？

3. 您最喜欢副业所做事情的哪一部分？最不喜欢哪部分？

4. 您每天都为这件事做些什么？或您最近的工作状况如何？

5. 怎样才能在这个领域取得成功？

6. 这个领域的平均收入是多少？

7. 您遇到过哪些关键挑战？您是怎样面对的？

8. 这个领域需要什么知识、技能、资格证书、资源、经验？

9. 您副业的第1单是怎么来的？

10. 对于一个即将进入该领域的人，您有什么特别的建议？

11. 这个领域将来的变化趋势如何？

12. 本领域潜在的不利因素是什么？

13. 进入这个领域的基本前提是什么？

14. 您是怎么进入这个领域的?

15. 您从进入这个领域到现在,经历了哪些里程碑?

16. 哪些渠道可以让我进一步了解这个领域?

17. 您还有推荐的人选让我访谈吗?

18. 我打算按以下几个步骤走,在某个领域获得成果,您觉得还有哪些有效策略或资源我没有考虑到?

你可以结合你的目标从中挑选出合适的问题,把"本领域""这个领域"等替换为你的目标领域,比如 PPT 设计、瑜伽老师等,然后再结合你拟定的目标领域的专业问题,组成你的访谈问题清单。

在面对面访谈时,你可以带上纸质版的问题清单,清单上的每个问题后面,都应该留有足够的空间,以便用笔记录受访者的回答或回答要点。

注意,面对面访谈时不要用手机记录受访者的回答,因为访谈时使用手机会降低谈话质量,哪怕你是在用手机做笔记。

第 5 步,分析收集到的信息。

在上一章"提取适合自己的选项"中,你应该已经了解到了自己可以从目标副业中得到什么样的回报,在这里分析收集到的信息时,可以和前面获得的信息比对。我们在这里更关心"需要具备什么资格以及必须付出什么"和"怎样才能做到",这和电影《当幸福来敲门》中的克里斯·加德纳关心的一样。所以在收集到信息后,我们要仔细整理访谈信息,把这两类相关的信息提取出来,以供我们后面寻找实现路径,绘制副业路线图时参考。

接下来我们来对写作本书前做副业案例调研时的一次访谈过程进行解读,供大家参考。

第 1 步,弄清楚你的目标是什么。

我这次访谈的目标是找到新媒体和知识付费等领域相关的副业案例,了解实现某种副业的具体过程,而我自己并不打算去做访谈对象所做的事情。

第 2 步,储备必要的背景知识。

因为我一直在运营公众号、知乎等自媒体,也使用过在行、知识星球、千聊、喜马拉雅等知识付费的平台或工具,已经储备了必要的背景知识。

第 3 步，找到合适的访谈对象。

我要找的访谈对象，应该具备如下特征。

- 有本职工作。
- 业余时间做自媒体或知识付费产品。
- 已经达到了他副业所在领域的成功标准（从粉丝量级、收入量级、业务可扩展性等方面衡量）。

把微信联系人中曾经做过公众号的好友的朋友圈和公众号浏览了一遍，我发现好友"纯洁的微笑"在他的公众号里发文说他的付费知识星球会员人数已经超过了 1 000，这一下引起了我的兴趣。回想起来我还是他知识星球的嘉宾，就赶紧到他的星球逛了几个来回，然后在微信上和他聊副业的事情，问他愿不愿意接受我的访谈，并且将自己的案例分享给大家，他很爽快地答应了。

我和"纯洁的微笑"确认了时间和方式，然后进入第 4 步，开始了访谈。

第 4 步，提出有效的问题。

以下是我对"纯洁的微笑"提出的问题以及他给我的回答。

1. 您现在从事的是哪方面的工作？公司是哪个领域的？提供什么服务或产品？

纯洁的微笑："我的从业经历主要集中在互联网金融和第三方支付领域，互联网金融公司主要是提供一个借贷平台，方便投资人在平台上投资；第三方支付公司主要是构建第三方支付平台，满足线上线下商户的收付款需求，公司在行业内排行前六。我在两家公司都是从底层开始做到管理层，最后分别任技术负责人和研发副总的职位，主要的工作内容是负责整个公司的技术架构体系建设，以及日常的技术管理。"

2. 您是什么时候产生要在工作之外再做一些事情的？目的是什么？

纯洁的微笑："2016 年的时候，公司的发展慢了下来，自己有了一些时间。刚好我在互联网金融公司积累了一些经验，觉得自己的这些经历特别有意思，就想把这个过程记录下来，于是我开始在博客园写博客。我的主要目的是想寻找一个窗口和大家一起交流，了解下公司目前的技术发展和行业内其他公司的发展是否有差距。这同时对自己也是一个总结和回顾。"

3. 您的副业是什么？可以用一段话简短描述一下吗？可以包含提供的服务、给人的价值等。

纯洁的微笑："我的副业包括公众号运营、付费课程开发和付费知识星球运营。公众号主要是给大家分享业内的技术方案和技术实践；付费课程主要是让大家快速全面地了解一门技术；知识星球更像一种小的私密的论坛，方便大家在一起讨论'干货'。"

4. 请简要描述一下您确定开启现在这项副业的过程，包括方向选择、初期的困难等。

纯洁的微笑："我的副业完全是意外展开的。我写博客之后发现很多博主都开通了自己的公众号，于是我跟着大家也开通了自己的公众号。我是在2017年4月开通的公众号，一开始也没有什么特别的，到了10月的时候突然有人付费让我去发一些推广，这时候我才发现这里有商业价值。

"后来我因为开通公众号接触到了更多的人，获得了更多的机会，于是我又在线上做了一些付费课程，开通了付费的知识星球。所以最后我的副业就分成了3部分：公众号运营，付费课程开发和付费知识星球运营。"

5. 副业给你带来了哪些方面的改变？

纯洁的微笑："最直接的变化是收入更多元化了。在没有做副业之前，自己的收入来源只有工资，这时候你就会有一种危机感，万一你不想工作了或者被裁员，那你的收入来源就没了，一下子就会受到重创。

"而副业可以让我的收入更多元化，更多的收入也会让我变得更自信，有更多的选择。同时因为在做副业的过程中，我认识了很多人，得到了更多的资源，后面的发展也有了更多的可能性。"

6. 在发展副业时，您遇到过什么样的困难，是如何克服的？

纯洁的微笑："第一个困难就是时间冲突。大家知道IT公司的工作强度是非常大的，如何保证在不影响工作的情况下来做副业就变得很具有挑战性。

"我是如何克服的呢？第一，严格规划自己的工作任务，按照计划来执行，让工作变得更高效一些；第二，去掉一切业余活动，我不喜欢追剧、不出去游玩、不刷抖音、不玩游戏，节省出来的时间都用于工作和副业；第三，找人帮忙，尽量将工作或者副业中的一些简单事务拆分出来，让别人帮你完成，或者借助一些资料、工具来完成，自己只做最重要最核心的工作，当然有时候需要多付出一点成本。"

7. 您认为自己的哪些知识、技能、资源、优势对您的副业有比较大的帮助？除了自己的能力，还有什么因素对您当前副业产生了帮助，比如某些小趋势等。

纯洁的微笑："我的副业是从技术自媒体开始的，工作经历以及平常开发产品的积累，都会对副业有比较大的帮助。很多事情都是需要先沉淀，然后看到机会后全心投入进来才会有大的发展。

"我刚开始写互联网金融相关文章时，大家对这方面都比较好奇，进一步推动了它的传播。另外我刚开始写微服务相关内容的时候，也正是这门技术在行业内兴起的时候，因为公司也在使用的关系，我写了大量连载的教程，这些教程到现在传播量都很大。因此这两方面的趋势对我帮助较大。"

8. 如果有人想做与您副业类似的事情，您有什么建议？

纯洁的微笑："要持续输入，必须要有持续的积累，建议大家平时多思考、多实践、多总结。一个擅长总结的人在职场或者其他方面都会发展得比较好。

"快速行动的能力非常重要，如果看到了机会应该马上去尝试，如果适合自己，就应该全力去做。"

9. 在您的副业领域，做到什么样子算是大家眼里的成功？关于如何获得成功，您有什么建议？

纯洁的微笑："在技术公众号领域，达到关注用户量大于 10 万，日均阅读量大于 1 万的目标算是比较成功的。

"其实很多时候只要你不断地坚持去写，每天进步一点，日积月累下来就会有超出预期的收获。当然前提是高价值的内容才能留住关注者。

"我的建议是要有耐心、要默默坚持，在成功之前肯定有一段时间你是默默无闻的，只要坚持做到今天比昨天好一点就行。

"另外，除了坚持，你还要摸清所在领域的基本规律。比如①通过在目标用户聚集的社区发文、发帖获取用户；②通过互推获取用户，这个非常有效，包括公众号互推、朋友圈互推等；③给大号投稿；④通过视频、Vlog 等方式获取用户；⑤通过功能获取用户，我们技术人可以做一些工具，一部分功能可直接使用，一部分需要关注公众号才能使用；⑥通过资源获取用户，比如关注公众号才能阅读某些文章、电子书等。"

第 5 步，分析搜集到的信息。

从纯洁的微笑提供的信息中，我们可以看到运营公众号的关键信息，还可以看到他自己打造扇形收入的过程：他先是将主业做到优秀的程度，然后利用主业中积累的知识、技能、经验、见识，发展出公众号这个扇区，接着又借用公众号建立起来的连接和影响力，发展出付费课程和付费知识星球。这些信息和经验，对想做公众号的朋友，都很有帮助。

用倒推法完成里程碑规划

我的女儿安悦瑄在上小学 3 年级，每到学期快要结束时，都要为期末考试做准备，她是这样做复习计划的：期末考试是 1 月 17 日，那我得在它之前完成语文 10 个单元的复习，我每两天复习一个单元，一周可以复习 3 个单元，3 周可以复习完，那我得从 2018 年 12 月 25 日那一周开始复习，第 1 周复习 1、2、3 单元，每单元看生字词、背课文，再做一套卷子……

安悦瑄制订复习计划时用的方法就是倒推法。

经理安排小金 2019 年 1 月 23 日做述职报告，小金马上就开始盘算：现在是 2018 年 12 月 24 日，我还有一个月的时间，做报告前我要先演练两天，演练前就得把述职报告写好，撰写报告需要一个星期的时间，撰写报告要提前准备资料，准备资料也要一个星期的时间，那我最迟 2019 年 1 月 7 日就要开始准备资料。

小金在工作中也经常用倒推法。

倒推法可以说是我们从小用到大的方法，但我们未必真的了解它。

所谓倒推法，就是从一个项目（事情、目标）的交付时间点出发，规划从交付时间到启动时间之间要做的事情，它有以下 3 个关键点。

1. 清晰定义项目结果。

2. 从结果出发，往前倒推，找到项目的里程碑节点。

3. 把里程碑节点放在合适的时间周期内。

对于像复习语文这样的简单项目，9 岁的小学生都可以定义出项目结果（复习完 10 个单元），然后运用倒推法做出计划。而对于像写作《平凡的世界》或者举办公司年会这样的复杂项目，对于新人来讲，3 个关键点都是非常困难的。所以我们先讲了如何用 SMART 原则定义目标，来解决第 1 个关键点的技术层面的问题。然后我们介绍了如何做生涯人物访谈，即通过向已在目标领域实践过的人请教，了解到一件复杂事情是怎么做到的，其关键节点有哪些，及其大致的时间周期。有了这些准备工作，我们就可以完成 3 个关键点的工作，找到实现路径，规划里程碑。

在使用倒推法时，有一个小窍门，那就是要反复询问自己这个问题："要实现这个目标必须先做完什么？"

我们来用倒推法寻找一下 "2020 年公开出版一本都市爱情小说" 这个目标在实现过程中的里程碑节点。

● 从结果出发，第 1 个节点就是出版。

● 那要出版，必须要先完成书稿。

● 要完成书稿，必须要先完成章节规划。

● 要完成章节规划，则必须要先确定情节主线。

● 要想有情节主线，则必须要先确定故事角色和角色的起止点状态。

● 要想确定故事角色，则必须要先搜集素材、联系出版社。

到这一步，基本的里程碑节点就出来了。如果要实现这个目标的人没有写作经验，可以再加一个前置节点——小说写作练习。

我们再来看一个目标："2019 年 12 月底发布一款内容为互联网研发技术词典的微信小程序。"我们来用倒推法寻找它的里程碑节点。

● 从结果出发，第 1 个节点就是提交小程序给微信平台审核。

● 那要提交审核，必须要先完成小程序的测试。

- 要完成测试，必须要先完成开发。
- 要完成开发，必须要先完成设计。
- 要完成设计，必须要先定义功能。
- 要定义功能，必须要先定义问题
- 要定义问题，必须要先访谈目标用户，探索用户为什么需要互联网研发技术词典，需要什么样的小程序。

很快，里程碑节点都找到了。

注意，我能这么快找到里程碑节点是因为我写过书，我做过软件，我熟悉这两个例子。对于不熟悉的人来讲，很可能因为想不到这些流程而导致有了目标也很难用倒推法找到里程碑节点。

那遇到这种情况，我们应该怎么办呢？

其实解决办法我们已经讲过了，那就是生涯人物访谈。在设计访谈问题时，你要搞清楚你想获得哪些信息，围绕着目的来创建访谈清单。

有了里程碑节点，接下来我们需要给每个里程碑设置一个完成时间。完成时间的评估，还是用倒推法。这里我们以"2020年公开出版一本都市爱情小说"这个目标为例来说明。

- 结果节点——公开出版，时间点是2020年，可以将出版时间设置成2020年12月1日。
- 完成书稿的时间点，可以从出版时间往前倒推，减去印刷、三审三校等的时间周期（大概需要3～4个月），可以设置成8月1日。一本20万字的都市爱情小说，一天写4 000字，需要50天，一周工作5天，需要10周，大约两个半月。那书稿写作的起始时间可以定在5月15日。
- 完成章节规划的时间点，就是书稿写作的开始时间5月15日。章节规划需要半个月时间，章节规划的起始时间应该是5月1日。
- 完成情节主线的时间点，就是章节规划的起始时间点5月1日，情节规划与设计需要一个月时间，这件事的起始时间应该是4月1日。
- 确定角色的截止时间点，就是设计情节的起始时间4月1日。设计角色大约需要一个月时间，所以起始时间点可以设置为3月1日。

- 搜集素材的截止时间，就是设计角色的开始时间 3 月 1 日。搜集素材大约需要两个月，那它开始的时间可以定在 1 月 1 日。

- 小说写作练习的截止时间就是搜集素材开始的时间 2020 年 1 月 1 日。写作练习大约需要 6 个月，那开始时间可以定在 2019 年 7 月 1 日。

经过这样的倒推，我们给每个里程碑节点都设置了大概的完成时间，2020 年公开出版一本都市爱情小说这个目标的里程碑规划，就大致出来了，如图 5-7 所示。

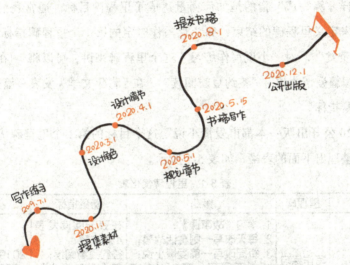

图 5-7 公开出版一本都市爱情小说的里程碑规划

里程碑规划是一个相对粗略的规划，它标注的每一个里程碑，都是一个相对模糊的小目标。比如"小说写作练习"，你看到它，能知道要做些什么、怎么做吗？答案是你很难知道要怎么做。当一个里程碑无法告诉我们要做什么时，我们就很难开始做，很难完成它。所以我们现在还有一个比较艰巨的任务——分析距离我们最近的里程碑，把它变得具体可执行。

要把一个里程碑节点变得可执行，只要明确下面 3 个问题即可。

1. 要做什么？

2. 怎样做？

3. 怎样才算完成？

"要做什么"指的是里程碑节点具体要做什么事情。对"小说写作练习"来讲，要做什么指的可能是"故事设计""情节设计""掌握常见的爱情故事套路""写小说"。

"怎样做"指的是实现里程碑节点的策略。对"小说写作练习"来讲，可能的策略有：学习许荣哲的《故事课》，掌握常见故事技巧；每天改写一则童话故事；每周改写一篇爱情小说；每两周写一篇 5 000 字左右的爱情小说，通过公众号、简书等发布。

"怎样才算完成"指的是如何衡量达成了里程碑目标。通常我们需要设计一些指标来定义里程碑的结束，弗兰克写作时定的第 1 个里程碑指标是 "收到10 000 元赞赏"。对"小说写作练习"这个里程碑来讲，可以将 "在豆瓣阅读发表 4 篇短篇爱情小说""签约豆瓣阅读""在《青年文学》发表一篇爱情小说"等作为衡量指标。

"2020 公开出版一本都市爱情小说"这个目标的第 1 个里程碑优化之后，我们可以整理出下面的表格，如表 5-1 所示。

表 5-1　里程碑优化表

目标	里程碑	策略	衡量指标	时间
2020 年公开出版一本都市爱情小说	写作练习	1. 学习《故事课》； 2. 每天改写一则童话故事； 3. 每周改写一篇爱情小说； 4. 每两周写一篇 5 000 字爱情小说，通过公众号，简书等发布	在豆瓣阅读发表4 篇文章；签约豆瓣阅读；在《青年文学》发表一篇爱情小说	2019.07.01 ～ 2020.01.01
	搜集素材			
	设计角色			
	设计情节			
	规划章节			
	书稿写作			
	提交书稿			
	公开出版			

现在，请你尝试用倒推法，找到通往自己目标的各个里程碑，并找到离当前最近的那个小目标，进一步分解优化，让它变得可执行。

第 **6** 章

行动：

持续实践成就副业

由于各种各样的原因，想做副业的人越来越多，然而并不是所有人都能在副业上取得成果，甚至可以说，大部分人都铩羽而归。

有的人是还没开始行动，仅仅是想一想就算了；有的人是做了几天，觉得太累便放弃了；有的人想要坚持却不知道怎么做，挣扎着挣扎着走不动了；有的人一直在走，却忘了为何要做，以致于不想再做；有的人见到了回报，却因数量太少、时有时无，在黎明前主动放弃……

这一章我们要讨论的就是如何用持续行动成就副业，避免成为中途放弃的人。我会先介绍 18 种有助于持续行动的方法，然后介绍经营副业的 7 个阶段和常见的让人放弃的情况，最后再带着大家看看在不同阶段该使用什么方法来保障持续行动。

持续行动的十八般"武器"

想象一下自己准备攀登珠穆朗玛峰，你有了目标，也有了计划，还根据攻略准备了帐篷、羽绒服、防寒帽等物品，但是这段艰险的旅程会顺利展开吗？恐怕你会摇头吧。我们做副业也是一样的，就像攀登珠穆朗玛峰，找到目标，做出选择，固然是非常困难的事，但比它们更艰难的是，把选择了的事做完。我们踏上的是看似平静，实则漫长、凶险、堪比西天取经路的旅途，什么"坚持就是胜利""想到就能做到"之类的话基本没用，我们必须得有各路"神仙"相助，各种法宝可用，用最合适的方式"降妖除魔"，穿越关隘，不断挺进，才能修成正果。因此，我整理了有助于持续行动的十八般"武器"，来帮助大家更好地达成副业落地的目标。

愿景板

风靡全世界的理财书籍——《小狗钱钱》的第 2 章有一部分讲到了愿望清单和梦想相册，非常有意思。

钱钱又一次看出了我的想法，马上回答说："大多数人并不清楚自己想要的是什么，他们只知道，自己想得到更多的东西。你可以把自己的生活想象成一家很大的邮购公司。如果你给一家邮购公司写信说'请给我寄一些好东西来'，你肯定什么都得不到。我们的愿望也是一样。我们必须确切地知道自己心里渴望的是什么才行。"

我有点怀疑："是不是只要我明确知道自己想要什么，就真的能实现呢？"

"当然你还要为此付出努力，"钱钱答道，"但是至少你已经迈出了关键的第 1 步。"

"是因为我写下了自己的愿望吗？"我问道。

"是的。"钱钱说，"从现在开始，你必须每天都把这张写着自己的愿望的单子从头到尾看一遍，它会不断地提醒你自己想得到什么，那么你就会密切关注一切可以帮助你实现这些愿望的机遇了。"

"我想知道，这种方法会不会有效？"我有些怀疑地问道。

钱钱严肃地盯着我的眼睛说："如果你带着这样一种态度来做这件事的话，我的方法肯定发挥不了作用。但是只要你做 3 件事就可以轻易改变自己的想法。第一，我建议你拿一本相册作为你的梦想相册。收集一些与自己的愿望有关的照片，把它们贴在相册里。我们要通过图片来思考。"

"通过图片来思考？"我问道。

"就是说，不借助文字。"钱钱答道，"当你想到加利福尼亚的时候，你的脑海里浮现出的是'加利福尼亚'这几个字，还是某一幅画面？"

钱钱说得有道理，我的眼前立刻浮现出迪士尼乐园、旧金山和好莱坞的画面。

这里的梦想相册就是愿景板，其背后的原理是：我们对视觉化的信息更为敏感，吸收更快、更直接。愿景板的作用是把我们的想法、目标可视化，刺激我们朝着目标努力。

制作愿景板有 4 个要点。

1. 你的愿景，要是自己特别想要的。

2. 愿景以 3 个左右为宜。

3. 一张图片＋一句短语，表达一个愿景。

4. 图片要大、要清晰。

愿景板可以做成像《小狗钱钱》中所说的相册，可以手绘，也可以做一页彩色 PPT 打印出来。

玉小姐是汕头一所高中的英语老师，她觉得本职工作单调、乏味，透过身边仿佛一成不变的同事和领导，她一眼看见了自己的一潭死水般的未来。她不想要这样的生活，想要更有挑战和乐趣的生活。

2016 年 4 月，玉小姐在迷茫中开始走上个人成长之路，加入各种线上社群，不断打卡探索新的可能。机缘巧合下，玉小姐认识了一位生涯规划师，咨询后发现生涯规划就是自己想要从事的事业——她喜欢和人打交道，对人敏感，善于倾听，充满好奇心。

玉小姐用了两年多时间在生涯规划领域学习、实践，拿到了高级生涯规划师资格证书，成为"新精英生涯创客营"的联合创始人和主理人，还入驻成为新精英生涯选对咨询师。现在，玉小姐结合自己的高中教师背景，将青少年生涯规划做成了自己的副业。

2019 年，玉小姐的愿望是出版自己的第 1 本书《成长的勇气》，运营自己的生涯沙龙以及开启全家的"他城计划"。她把这些愿望，手绘成了愿景板，如图 6-1 所示。

手绘对包括我在内的很多人来说挑战很大，而 PPT 则相对容易一些。我 2019 年的愿景板就是用 PPT 制作的，如图 6-2 所示。

图 6-1 玉小姐的愿景板

图 6-2 安晓辉的 2019 年愿景板

愿景板画好后，要放在我们随时可以看到的地方，比如贴在冰箱上，装入相框摆在床头柜上，或者做成电脑桌面。这样的好处是我们随时可以看到它们，提醒自己想要什么，促使自己思考和行动。

阶梯模型

《如何想到又做到》这本书把我们常说的"把大目标分解为小目标，从小目标开始，努力实现大目标"设计成了由"步骤、目标和梦想"组成的阶梯模型，如图 6-3 所示。

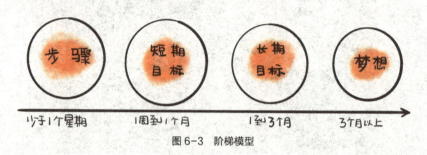

图 6-3　阶梯模型

梦想一般要花 3 个月以上的时间才能达成，尤其是你此前从未实现过的。比如玉小姐的愿景板中有一个目标，"2019 年出版第 1 本书"就是她的一个梦想。

目标是人们制订的通往梦想的过渡计划，分为短期目标和长期目标。长期目标通常需要 1 ～ 3 个月才能实现，比如学习一门新语言的基础知识。也有要花 3 个月以上时间才能达成的长期目标，除非你以前完成过类似的事情，否则它就属于梦想的范畴。比如对玉小姐来说，出版一本书是一个梦想，但对先前已经出版过 6 本书的我来说，这就是个长期目标。而短期目标通常只需要 1 周到 1 个月的时间就可以实现。

步骤大多只需要不到 1 个星期来完成，是实现目标的道路上要逐一划掉的小任务。比如买一本讲 Python 编程的书，就是实现用 Python 做网络爬虫这一目标的第 1 个步骤。再比如还不会开车的张三想将开首汽专车作为副业，那完成驾校报名，就是这个目标的第 1 步。

使用阶梯模型的人半途而废的可能性较小，努力达成目标的可能性较大，这是因为它基于如下两个心理学原理。

- 人们青睐于迅速看到结果。比如很多人会选择在 GitChat、小专栏等平台的付费专栏创作，而不选择写作同主题的图书，就是因为基于网络的专栏可以渐进式更新，完成一篇就可以发布，马上就能看到读者反馈。而写作图书，从选题到写作、完稿、三审三校、印刷、上市，整个过程通常要持续 6 个月以上，作者要等待半年以上的时间才能看到结果。

- 人们感觉良好并不取决于其实际成就，而取决于他们期望达到的成就。比如潘飞决定销售无痕内衣时，她的期望是第 1 个月能卖出 10 套，而她发了朋友圈后，15 天内卖了 60 套，她感觉非常良好，期待继续做下去。而如果她的期望是 15 天销售 100 套内衣，那即便卖出了 60 套，她依然会感到沮丧。

在根据梦想或长期目标制订计划时，我们通常会倾向于规划比较大的步骤，导致我们看到结果的周期拉长，容易因为长时间看不到成果而半途而废。这里提供一种方法帮助大家避免这种情况。

2019 年 5 月 1 日我要带孩子出去游玩，我负责到超市购买一些路上吃的、用的物品，就列了一张清单，如图 6-4 所示。

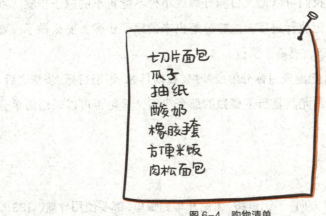

图 6-4　购物清单

然后我利用午餐时间，到附近的超市购物，找到一样就打一个钩，如图 6-5 所示。

等所有物品搜集完毕，清单上的每一项后面都打上了一个钩。这样我就一样不漏地买齐了所有物品。

这个购物清单有如下两个特点。

图6-5 打钩的购物清单

1. 每一项具体明确，要么买了，要么没买，不存在模糊的中间值。

2. 可以通过打钩的方式标记搜集物品的进度。

这是我们生活中常用的一种任务分解方法，我叫它"清单分解法"。

采用清单分解法，我们可以把大目标分解成小得不能再小的原子步骤，直到可以用打钩的方式标记执行进度。这样分解出来的原子步骤，要么做了，要么没做，不存在中间状态，更易于执行。

我们采用阶梯模型，把副业目标分解成梦想、长期目标、短期目标、步骤之后，再一一核实我们的步骤，尤其是当下要做的那个步骤，看是否可以采用清单分解法再次划分。

GPS 法

我是一个路痴，不辨方向，不记道路，无论开车到哪里，都要使用导航（GPS）。比如我要从西安市玫瑰大楼出发，开车去北京故宫博物院，只要我输入终点、起点，高德地图就会为我规划一条路线。整个旅程中，高德地图不断根据我的行驶位置、方向和速度，调整路线图，适时帮助我更好地前进。

仔细思考 GPS 导航系统带领我从西安市玫瑰大楼到北京故宫博物院的过程，可以发现，这种方法适用于各式各样拥有从起点到目标点的场景，我们按照下面 4 步去做即可。

1.确定一个清晰明确的目标（GPS 的终点）。

2.确定起点。

3.找到一系列中间目标，串接形成从起点到目标点的路线。

4.找到离起点最近的一个中间目标进行分析、分解，找到正确的第 1 步，把所有精力都放在完成第 1 步上。完成当下这一步后，找到正确的下一步。一直重复这个过程，直到抵达终点。

以上就是 GPS。

比如我们想考取资格证书,无论是注册会计师(CPA)、国家一级消防工程师、系统分析师、金融分析师（CFA），还是项目管理专业人员资格认证（PMP），都可以使用 GPS 法。

比如我们想进行目标管理，像公司运营目标、个人年度目标，都可以运用 GPS 法。

再比如本书所讲的发展副业这个话题，也可以采用 GPS 法来做规划和执行，对应步骤如下。

第 1 步，清晰定义代表副业确立的目标（请参考第 5 章第 1 节——用 SMART 原则定义副业目标）。

第 2 步，盘点自己的现状，确定起点。

第 3 步，用倒推法找到短期目标，将短期目标作为里程碑，串接形成路线图。这个过程，就是我们在第 5 章第 3 节所说的里程碑规划——用倒推法完成里程碑规划（见图 5-7）。

第 4 步，参考阶梯模型，把当下要做的短期目标分解成一个个只需 1 ~ 2 天就可以完成的步骤。

第 5 步，用清单分解法分解当下要执行的第 1 个步骤。

采用 GPS 法来规划副业发展的过程，可以让我们更为方便地从现状出发，走向目标。在行进的过程中，只要遇到稍大一些的目标，比如需要 1 个月以上时间来实现的目标，我们就可以再次使用 GPS 法对其进行规划。

成功日记

《小狗钱钱》的第 3 章，钱钱教给吉娅一种树立自信的方法——成功日记。

我还没有完全从自己的回忆中走出来，于是有点恍惚地说："我不觉得自己特别自信。"

"那没关系，"钱钱说，"自信是很容易树立的。你想知道应该怎样做吗？"

"当然了。"我赶紧回答。

"那么我可以告诉你。你去准备一个本子，给它取名叫'成功日记'，然后把所有做成功的事情记录进去。你最好每天都做这件事，每次都写至少 5 条你的个人成果，任何小事都可以。开始的时候也许你觉得不太容易，可能会问自己，这件或那件事情是否真的可以算作成果。在这种情况下，你的回答应该是肯定的。过于自信比不够自信要好得多。"

成功日记用于记录一个人每天做成功的事情。它所记录的事情，不分大小，大到签订了价值千万的合同，小到帮人指路、做了个学习计划，甚至抗拒住了吃冰淇淩的诱惑，每天都坚持写 3 ～ 5 条个人成果。

写成功日记有 3 个非常大的好处。

1. 你知道你做成了很多事情，经常翻翻，会很有成就感，会觉得自己能行，会增强自信，提升自我效能感。

2. 记录你的成长轨迹和你创造的价值，你能轻松找到一年前的某一天自己做成了什么事情，而不用去翻朋友圈、微博等社交网络上发布的状态。

3. 便于月度、季度、年度等周期性复盘。

我已经养成了使用有道云笔记记录成功日记的习惯，每天晚上都会记录，偶尔因事耽搁或忘记了，早上起来也会补上。

使用有道云笔记来写成功日记，好处是数据可以在电脑、手机等多种终端之间同步，随时可以查阅和记录，检索也非常方便，直接利用有道云笔记内建的搜索功能即可。也有的朋友比较喜欢像吉娅那样采用纸质笔记本写成功日记，每天睡觉前记一下，更有仪式感。日后看起来，一摞高高的成功日记，你的成就感会爆棚。

如图 6-6 所示，我在 20190422 的成功日记中记录了写作《下班后挣钱》（本书的曾用名）的过程，这样我就可以回顾每天的写作进度；我还记录了生活中的一些小事情，比如开发票；我还记录了给我的公众号"程序视界"写文章这样的日常性工作。

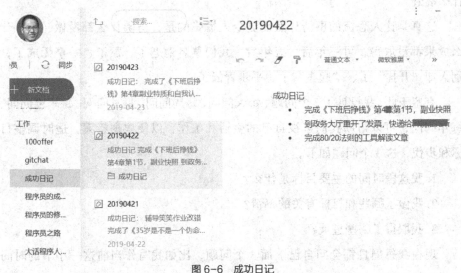

图 6-6　成功日记

把成功日记用在我们开创副业这件事上，记录自己每天完成的事情，取得的成果，可以让我们看到走过的路，体会获得的成就，增加继续前行的动力。

如果在一开始时觉得没什么好记录的，可以参考"阶梯模型"中介绍的"清单分解法"，把自己每天为副业所做的事情，分解成像"购买切片面包"这样"要么做了，要么没做，不存在只做了一部分"的原子步骤，这样每天都会有三两件事情可以记录。

检视三问

我很喜欢郝云的歌《活着》，它里面有一句歌词："慌慌张张，匆匆忙忙，为何生活总是这样？"这是很多人经常问自己的问题。可惜大部分时候，我们给不出答案，只能听一听歌，跟着问问而已，完了还是"拿着苹果手机，穿着耐克阿迪"，匆匆忙忙地去上班，因为就要迟到了，而显得很着急。

更遗憾的是，我们大部分人的日子仿佛是停滞的，今天和昨天类似，明天又将和今天类似，未来的一周也将和过去的一周类似，恍恍惚惚过了一个月、一个季度、一年，蓦然回首，却发现自己好像没做成什么，年少时的梦想、年初的目标、上个季度的计划、上一周的小目标，仿佛都不曾实现，也不曾留下什么痕迹。

这真是让人恐慌的事情！然而更令人慌张的是，仿佛什么都没做、仿佛什么成果都没取得，可三年后、五年后，我们莫名地老了、颓了、一事无成了，别人却"开挂"了、"起飞"了、平步青云了。

有鉴于此，我设计了3个问题，每天问问、每周问问、每月问问、每季度问问、每年问问，可以帮助我们审视自己的生活和工作，以便根据答案，适时调整目标和步伐，这3个问题如下。

1. 我这段时间的主要目标是什么？

2. 我做了哪些和目标有关的事情？

3. 我取得了哪些进展？

现在我每周日都会问自己上面3个问题，比如我写作当前这一小节的时间是2019年4月29日，针对过去的一周，检视三问如表6-1所示。

表6-1　检视三问

问题	答案	分析
1. 这段时间的主要目标是什么？	1. 写作《下班后挣钱》； 2. 保持公众号"程序视界"正常更新	1. 本周聚焦在图书写作上，进度基本符合预期； 2. 公众号更新占去了一天半的时间，应该考虑通过转载、发布两年前图书中未在网络公开发布的文章等策略减少公众号写作时间
2. 我做了哪些和目标有关的事情？	写文章，规划图书章节结构，整理案例，阅读参考书籍	
3. 我取得了哪些进展？	1. 完成了《下班后挣钱》的第4章、第5章； 2. 公众号更新了4篇文章	

检视三问是一个简单易用的小框架，可以辅助我们把握自己某个目标在最近一段时间的执行情况，可以较为有效地解决"觉得自己做了好多事情，实际上却没什么进展"这类问题。更为重要的是，它可以有效纠偏——如果你没有

做相关的事情，就一定没有相应的进展，然后你就能发现应该多投入时间在与目标相关的事情上。

检视三问可以每周在我们心里问问，我们也可以很正式地把检视的结果记录在有道云笔记或者纸质笔记本上。

对于从未有过周期性检视自己过往工作习惯的人来讲，一开始使用检视三问法，可能会有下列不适感。

- 说不清楚最近有什么目标。
- 想不起来自己做了什么事情。

以上不适感是非常正常的现象。这种不适感，会反过来促使你去思考接下来一段时间自己的主要目标，敦促你围绕着自己的目标做一些事情，以便消除这种不适。

对于目标明确又有写作成功日记习惯的人来讲，每周进行检视三问是非常轻松的事情。因为你做过的事情都已经记录在册了，不用再绞尽脑汁回想了。

时间日志

时间是我们每个人都拥有的与其他任何人一样多的资源，但实际生活中我们却惊奇地发现，有些人时间很多，可以做很多事情，并且件件都有成果，有些人总是叫嚷没时间做事情，以致于什么事情也没做成。其间的差异就在于：前者可以很好地感知自己时间的消耗，能够很好地诊断时间、管理时间，把时间分配给关键而重要的少数任务；而后者对时间的感觉是模糊的，说不清楚自己的时间是怎么打发的，凭着感觉走，无意中浪费了大把时间。

生活中往往有两种常见的时间感知偏差现象。

一种时间感知偏差是实际上花了很多时间却觉得没用什么时间。比如很多人有晚上睡觉前刷一下微信朋友圈的习惯，欣赏几张这位朋友发的旅游照片，读读那位朋友分享的感悟，看看另一位朋友拍的小视频……就这样，感觉还没过去几分钟，但实际上半个多小时已经过去了。再比如我在写作本书的同时在维护公众号的正常更新，我老觉得写公众号文章没花什么时间，但每周检视三问时，就惊奇地发现，我每周投入在写作本书的时间只有 3 天左右。

第 2 种时间感知偏差是，明明没有在某件事上投入时间，却总觉得自己花费了很多时间。我有位朋友，有事没事就在微信上问我最近忙什么，我往往会说："最近专心写书、读书，时间都放这两件事上了，回头有时间了约饭。"但实际上，统计发现，我每周花在读书上的时间比以前上班时少多了——以前上班时，每天中午我都要看一个小时书，而现在一天下来也看不到 30 分钟的书。为什么我会觉得自己花了更多的时间读书呢？这仅仅是因为我觉得"应该"花更多时间读书而已。

正因为我们对时间的感知存在严重偏差，所以我们不能凭感觉判断自己把时间都花在哪儿了，这样得出的结果是极其不准确的，我们没办法据以管理时间，提升工作效率。管理时间的正确做法是记录时间日志。

接下来，我以统计从现在开始的写作内容到时间日志这节结束花费的时间为例，来说明如何记录时间日志。

第 1 步是要在开始做某件事时立刻记录时间，比如现在是 2019 年 4 月 30 日 11 时 23 分，这是开始时间，记为 T1。注意这一步非常重要，原因就在于前面介绍的结论——我们对时间的感觉存在明显的偏差，所以时间日志不能靠回忆来统计，必须在做某件事之前实时记录。

我现在一边写作一边演示如何记录时间日志，所用工具是 Word，Word 中可以使用"Alt+Shift+T"直接插入当前时间。如果你使用有道云笔记来记录时间耗用，可以使用"Shift+Alt+D"来插入当前时间。

记录时间耗用的第 2 步，是在完成一件事情或者切换到另一件事情时记录时间，这是结束时间，记为 T2。比如我现在感到累了，想休息会儿，就可以用"Alt+Shift+T"插入时间。再比如我忽然接到了一个快递电话，让我到楼下取快递，我也可以插入时间。注意，T2 往往是另一件事情的开始时间。

记录时间耗用的两个步骤，实际上是同一个步骤在逻辑上的区分，这样区分之后，我们更容易理解。只要我们能够有意识地应用记录时间的两个步骤，持续记录一周，就能够统计出自己真实的时间耗用。

对于发展副业这种情况来讲，我们只需要记录每个工作日的 2 个时间段的时间利用情况即可。这两个时间段一个是早起到出门上班这段时间，一个是晚

　　　　　　　　　副业赚钱之道　从 0 到 1 打造多元化收入

上下班走出公司到睡觉前。因为我们只有这两段时间可用于副业。

这里提供一个非常简单的时间日志表格，可以在Word中使用，如表6-2所示。

表6-2　时间日志

开始时间	事情	时长
8时36分	写作"时间日志"武器	
11时23分	阅读《单核工作法》	

大家注意表格的第3列，时长，可以不用实时填写，在每天晚上或者每周分析时间耗用时再作计算都可以。因为它是从我们记录的切换事件的各个时间点中计算出来的，没有记忆偏差。

如果你使用有道云笔记来记录时间耗用，可以把这个表格复制过去，或者在有道云笔记中插入表格。

有的朋友可能会讲，我没有使用电脑的习惯，没办法用快捷键插入时间，那我建议你不要使用Word来记录时间日志，而是使用有道云笔记来记录，每次自己手动录入时间。

关于时间耗用的记录，我们就说到这里，接下来我们来聊一下怎么使用时间日志。

当我们连续记录一周之后，就可以分析记录样本，进行时间管理了，这个过程分为4步。

第1步，统计每件事情花费的时长。如果一件事情中断了，分成几次完成，那就把时长统计在第1条记录后面。

第2步，找出那些对副业目标没有意义的、不必做的事情，争取在下一周把它们取消。具体做法是对照时间记录，逐项逐项地问自己："这件事对某某目标有意义吗？这件事如果不做，会有什么后果？"如果认为"没什么意义，不做也没什么影响"，那这件事就该想办法取消。常见的可以取消的事情，如看电视、刷抖音、刷微博、刷朋友圈、参加聚会等。

第3步，找出经常被中断的事情，看看怎样才能规划出整块时间来执行这件事情。因为很多事情，需要整块时间专注地去做，一旦断断续续，效率就会变得极差，整体耗时就会变得很长。更严重的是，很可能这件事就变得无法完成。

第 4 步，找出可以外包的事情。假如你很想利用晚上的时间学习技能、发展副业，可每天下班都要被买菜、做饭、刷锅刷碗这类事情占据 2 个小时，那就想办法把它们外包，比如请一个钟点工来做这些事情，比如在下班路上使用手机 App 买菜，让人把菜送到家里。

经常性地采用上面 4 步来管理业余时间，你就能变得越来越有时间，就能完成越来越多更为重要的、与副业目标有关的事情，副业就能较快地取得进展。

时间日志这部分到这里写作完毕，回到演示如何记录时间日志的轨道上来，我现在插入当前时间"11 时 23 分"。那么我写作这段文字的时间统计下来，就是 39 分钟。接下来我要阅读《单核工作法》这本书了，这就是我们前面演示用的时间日志表格的第 2 项内容。

极度容易

汤小小选择从 PPT 设计开启副业之路，老黄选择用自己熟悉的 PCB Layout 技能帮别人做 Layout 设计，彭小六一开始想靠多赚点钱还房贷时选择去做 IT 培训讲师，他们几位的选择都有一个共同点，那就是容易实现。

人们喜欢做容易做的事情，如果一件事情看起来比较容易达成，他们就会在某些机缘巧合的刺激之下尝试去做。

代码 GG 想写一本关于 Android 开发的书，我 2018 年 12 月初给他介绍了出版社，过去 5 个月了，书的大纲都还没出来。2019 年 4 月初，代码 GG 忽然在微信上发了一个付费 Chat（GitChat 平台上的一种付费文章）链接给我，说他的课马上就要上线了。代码 GG 告诉我，写书工程太庞大，先从 Chat 这种容易的形式做起来。

如果一件事情看起来很难做成，人们往往会望而却步或中途放弃。

弗兰克最早从运营社群线下活动开始做副业尝试，可从 2014 年 2 月到 6 月，弗兰克连续策划了多次活动，付出巨大心力和高昂的成本，都没有做出成绩，因为看不到取得成果的希望，弗兰克放弃了线下活动运营。

面对障碍，人们很快就会放弃做某件事。反过来说，如果你学会了怎样消除障碍，让事情变得极度容易，就能很容易继续做下去。

把事情变得容易，有 3 种方法：控制环境、限制选择和使用路线图。

人对事情的感知和判断很容易受到环境的影响，甚至在某种程度上说，人是被环境所左右的，但人往往以为自己所做的决定都出于自主思考。比如一个人待在一家工作氛围很差、人人都在抱怨的公司，就会变得消极、被动。

环境包括空间、时间、人际、产业等几种维度，改变其中任何一种，都可能让原本很难以做到的事情变得很容易。

程涛老师早就具备给家庭提供财富规划的能力，但迟迟没有面向普通家庭推出咨询服务，一个非常重要的原因就是他要想一边上班一边开发理财咨询客户，时间和精力都不允许。2015 年 3 月（时间环境），知识技能共享的小趋势出现（产业环境），"在行"网站和 App 发布，为约见各行各业的高手一对一面谈提供平台、技术、交易支持。程涛老师得知后，就申请成为行家，为别人提供理财咨询服务这件事就非常容易地做到了。

如果你发现自己的副业开展起来很困难，就可参考以下几种典型的环境问题来对照分析，采取相应策略。

- 时间未到。
- 产业发展阶段未到。
- 营销工具缺少。
- 技术平台不到位。
- 接触不到特定人群。

虽然我们都希望拥有更多选择，但实际上，选择太多会让我们难以做事。

比如你第 1 次买果酱，到了超市发现有 30 种果酱，你就要花好久才能决定买哪种，甚至会因为种类太多而决定不买，而如果超市只有 3 种果酱，你就能很快从中挑一种出来。

比如现在一位资深的软件开发工程师想要通过写作技术类文章来开创副业，面对 CSDN、博客园、51CTO、GitHub、小专栏、思否、开源中国、掘金、开发者头条、公众号、知乎专栏、简书、微博、小专栏、ChinaUnix、GitChat、知识星球等众多选项，他就很难在短时间内做出选择。而 2013 年我开始写作技术博客时，只用在 CSDN、51CTO、博客园、开源中国等少数几个选项中进行选择，就很容易通过比较找到开始写作博客的地方。

如果我们能想办法减少选择选项，就能有效降低决策困难，更容易做出决定，采取行动。常见的减少选项的方法有两种。

- 确定最想要的属性，删除不具备的选项。
- 确定最不想要的属性，删除具备这种属性的选项。

在使用汽车导航时，路线图能让我们清楚看到如何从 A 地出发去往 B 地，做事情也是如此，如果你能知道怎么一步一步从现状走向目标，就会觉得这件事是可行的，就更容易、也更有可能行动起来。

对于熟悉领域的副业，我们可以根据自己的过往经验规划出路线图；对于不熟悉的领域，我们可以使用生涯人物访谈的方法搜集"怎么一步一步做成某事"的信息，再利用倒推法或结合阶梯模型导出路线图，具体请参考第 5 章。

串行工作法

从事软件开发工作时，我理解了在单 CPU 单核心的计算机上操作系统是如何调度多个进程的，并且从中学到了很多可用于工作任务管理的关键原理。

我们在使用电脑时，可以同时运行多种软件，比如 Word、PPT、Chrome、QQ 音乐、搜狗输入法，甚至可以一边用 QQ 音乐听歌，一边用 Word 写工作报告，似乎真的存在并行多任务的"神话"。但实际上，操作系统调度是使用一种叫作"时分复用"的技术，通过快速的时间片轮转，让每个软件都快速运行一小段时间，最终形成了多个软件同时在工作的"假象"，让我们以为电脑是多任务并行的。遗憾的是，并行多任务神话只是一个神奇"魔法"，它只是让我们感觉到了多任务而已，它的一个典型副作用是：每个任务都变慢了，总体耗时都增加了。这其中的原理是，一个单核心的 CPU，要完成不同任务的切换，就需要暂停正在执行的任务、保存它的状态、回收它占用的资源，然后找到要执行任务的状态、重新分配给它资源，将其恢复执行，这个过程需要时间。任务越多、切换越频繁，这个调度时间就会越多，甚至超过真正执行任务的时间，让整个系统的效率严重降低。

由于生活节奏的加快，我们现在也被迫在玩并行多任务游戏。比如一边打电话，一边回邮件；比如一边开会听同事讲话，一边开着电脑写PPT；比如一边蹲马桶，一边刷公众号……实际上效果如何呢？电话里没听清别人说什么惹对方生气了；邮件写错了；会议要点没记住，下来还得问别人，PPT写得很乱；上厕所时间变长了，公众号文章只是匆匆浏览没留下什么印象……

为什么会这样呢？

因为我们本身这台"计算机"只有一个大脑并且是单核心的，一次只能专注一件事情，你以为你在同时处理多个事情，其实只是一会儿处理下这个事情，一会儿处理下那个事情。不同事情之间切换时，你得恢复即将执行的任务的状态、刷新自己的大脑、准备好处理它的环境、重新完成启动过程，这一整套的动作，都是在浪费时间。

所以，并行多任务效率更高，其实只是一种假象，我们只是习惯并认同了这种假象而已。真正高效的是串行工作，即某一个时间段只专注做一件事情。比如我现在正在写串行工作法，就会把手机扔得远远的以回避微信和电话的干扰，哪怕我爱人发微信也找不到我，除非她打家里的固定电话，这样子效率最高。而如果我隔一会儿看看微信，消除一下小红点，恐怕一个上午我也写不完当前这一小节。

串行工作法如图6-7所示。

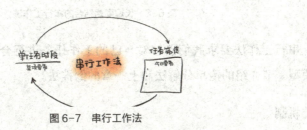

图6-7　串行工作法

有人会问：那我真的需要同时处理几个任务怎么办呢！比如今天既要交工作周报，又要联系客户，又要筛选简历……

串行工作法非常灵活，并不要求你一整天、一整周、一整年都只做某一件事情，其单任务时间段可长可短，长的可以是数天、数月，短的可以是一刻钟。

比如你一天要处理多件事情，那可以把自己这一天的时间分段，比如以 25 分钟为一段，这 25 分钟专注写周报，下一个 25 分钟筛选简历。在每个 25 分钟内，不做其他事情，在 25 分钟结束后，再判断下一个 25 分钟做什么事情。如此往复循环，也是串行工作，相应地，效率也会提升。

2019 年 2 月和 3 月，我只做了一件非常重要的事情——为一个客户开发并执行内训课程，没有再做任何精力和时间成本较高的事情，连本书的写作都被我暂停了，这是长周期的串行工作法。在执行内训课程的两个月时间内，我还保持了公众号"程序视界"的正常更新，具体做法是，在要更新文章的前一天，我会把时间分块，上午开发课程，下午写公众号文章，这是短周期的串行工作法。长短周期的串行工作法结合起来，我可以做到在数月内聚焦重要目标的同时，完成其他一些日常性的、必须做的、不那么耗时的工作，如图 6-8 所示。

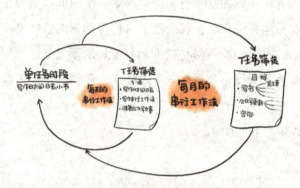

图 6-8　长短周期结合的串行工作法

串行工作法要求我们能够对自己的工作任务进行合理拆分，请参考本章阶梯模型一节介绍的清单分解法和上一章的倒推法。

伙伴机制

2018 年 10 月 13、14 日，我参加了李海峰老师的 DISC 国际双证班第 F70 期的现场培训，感受到了一种魔力，至今印象深刻。

10 月 13 日，我们上了一整天课。下午课程进行到一半，中间休息时，我们被告知了两件事。

1.各小组复盘当天所学内容，原则上自愿参加。

2.绘制一张视觉图，梳理 DISC 理论的内容，作为作业，第 2 天早上提交。

下午课程结束后，我们的助推（助推是 DISC 国际双证班设置的一种角色，由已经结业的学长或学姐担任，负责带领大家完成学习和各种活动）范敏老师对我们说，咱们赶紧到楼下酒店大堂占地方，集体复盘。

说实话，我本不想参加这种复盘——一天课下来，腰酸背痛，脖颈僵硬，满脸油光，眼睛酸涩，整个人疲惫不堪，想早点回去休息。再说，我本来和爱人、女儿说好晚上早点回去的。

可是我们小组 7 个人，包括家有 1 岁多小娃的张慧玲、家有 2 岁多小娃的史小艳两个宝妈都留了下来，并且大家相互招呼着，安排座位，安排次序，我根本开不了口说"你们复盘，我先走了"这样的话，大家的各种行动和态度，产生了一种磁力，吸引着我留下来，一起完成课后复盘。

每个人轮流述说对课堂内容的理解，分享自己的见解，其他人提供反馈给复盘的人，或者提问引发复盘者再思考。

复盘完毕，一看时间，已经晚上 9 点多了。我乘坐公交回到家里，接近晚上 10 点 30 分，已经是该睡觉的时间了。我可爱的女儿已经准备入睡，爱人在给她讲故事。和爱人打声招呼，道一句抱歉，我又坐在了书桌前，完成我的视觉作业。

我画画功底特别差，色彩感知能力也弱，只能画一些黑白线条图，可当时我感觉作业不能这样"敷衍了事"，得尽最大努力做到自己的极限。我画画停停，几次坏了重来，不断修修补补，竟然一直忙活到夜里 12 点还没搞定，心里不由地烦躁起来。我站起来走了几步，拿起手机看看我们小组的微信群，发现不断有人在打卡汇报进度，你画到哪里了，她画到哪里了，把我惊呆了；凌晨时分，这几个人居然都如此"拼命"！我顺手发了句"大家都在啊，我眼睛都快瞎了，还没画完。"到群里，结果马上有人回应说""我也没画完呢，让我们一起自虐吧！"看到这样的自嘲，看到有人还在做和我同样的事，怨气和疲惫顿时消散了，心中又升起了把视觉图搞好的念头。

"拼命"到 12 点半左右，终于搞定了作业，拍照发群，结果还有组员说，"安老师这么快画好了！"

回想 2018 年 10 月 13 日晚上的经历，我明白，当时之所以能够留下来复盘到 9 点多，接着又做作业到夜里 12 点半，一个非常重要的原因是：我不是一个人在战斗，有一群伙伴和我一起。在和这样的伙伴一起做事时，我能看到那些积极的影响，感受到一种健康的压力和支持，它们能打败我想要退缩的念头，促使我和大家一起搞定事情，实现目标。

这样的现象，在我参加邹小强（《小强升职记》《只管去做》两本畅销书的作者）老师的 2019 年度计划训练营时再次发生。

现在我明白，这样的现象总是与社群相伴，这是因为在一个良好的社群中，成员们拥有同样的目标，要在一段时间内去完成，同时在这样的社群中，存在良好的伙伴机制，成员之间既能彼此展开良性竞争，又能守望互助，相互鼓励。

学习某种知识、技能可以受益于社群和伙伴机制，发展副业也可以。比如我和以运营公众号为副业的程序员小灰就同处一个公众号运营者社群，大家在社群中分享经验，交流方法，相互砥砺。

如果你想要更好地发展副业，找到并加入与你所做之事相关的社群，或者创建自己的社群，就有可能利用良好的伙伴机制，加快你的副业进度，提高取得成果的概率。

起而行之

1999 年，网络小说开山之作——痞子蔡的《第一次的亲密接触》，随着互联网的普及走入我的视线，宁财神、俞白眉、邢育森、李寻欢等人也几乎同时声名鹊起，网络文学的浪潮就这么来了。我也想写点东西，可我从未写过，不知道怎么写，也没学过，还不知道到哪里去学。

我的想法和大多数人想要做成功一件从未做过的事情时的想法一样：我得想做，还得会做，然后才能做，然后才可能成功。

这就让我陷入了一个怪圈：我不会做，就不能做。再加上，我还担心自己写出来的东西也许会很差劲，坐实了别人对我"明明不会还想出风头"的设想。所以，在相当长的一段时间内，我虽然蠢蠢欲动，却迟迟没敢在宿舍的电脑前坐下来打字——即便轮到我用电脑，我也是和其他人一样，选择打游戏这种事情。

当时我隐隐觉得这件事情有些不妥：我想写，现在不会写，担心写不好，于是迟迟无法开始，可不写，就不知道写得好坏，就不可能产生会写的感觉……

虽然不能立即开始，却又不想放弃，因为我觉得万一自己写成了就能给自己创造出一点优越感。要知道，我那时极度自卑。所以我虽然迟迟没有写一个字，心里却在反复琢磨第 1 篇小说的开头，还想好了要从下雨开始写起。想好了开头，我又设想它的情节，男女主人公必须要通过网络先认识，然后冒着雨在现实中见面，还要让作为主角的男生是个和我一样连肯德基都吃不起的穷学生。

经过内心不断的演练和长时间的情绪堆积，我觉得有必要大胆一次，找个机会把这篇小说写下来，发到榕树下。

有了这个心思，我就开始观察我们 104 宿舍和兄弟宿舍 108 这两个宿舍的电脑使用情况。过了好多天，终于逮着一个绝佳的机会——108 宿舍的人都出去踢球了，我留在他们宿舍，占用他们的电脑，战战兢兢地打开"榕树下"，新建了一篇文章，紧张地敲下了名字……

尽管我在脑海中想了无数次开头，真的写起来，却并不顺利，总觉词不达意，总觉不如痞子蔡他们写得好（之前我看网络小说时觉得大部分写得并不好），我敲一句，停一停，改上几个词，敲几段，删两段，进度极其缓慢，就像小学数学题中爬 3 米退 2 米的蜗牛一样。等到 108 宿舍的兄弟们回来时，我还没写完男女主角的第 1 次见面。同学们问我在做什么，我红着脸好像做了什么见不得人的事情，颇为不好意思地告诉他们我在写文章，他们起哄说我要成作家了，到电脑前抢着要看。我赶紧关掉网页，告诉他们还没写完，写完了发表出来再给他们看。

虽然第 1 次写作很不顺利，但带来两种非常奇特的副作用。

● 未完成的作品，吸引我找机会接着写下去，把它变成一篇完整的小说。
● 同学们开着玩笑送给我"网络作家"的标签，让我产生了"此事顶多如此还能怎样"的想法，从而不再害怕别人知道我在写小说这件事了。

后来我真的在大学里写了不少小说和评论，还发表过散文、小说和书评。

这段经历使我意识到，我们习以为常的"想做→会做→做"这种模式，在做从未做过的事情时，是错误的，会让我们陷入一个无法开始的怪圈。**正确的模式应该是："做→会做→想做"。**

也就是说，**先做起来，才更有可能会做，才更有可能擅长，才更有可能获得诸如成果、他人赞赏、自我效能感等正向反馈，才更有可能想重复去做。**

这样持续下去，我们才有可能形成一个"做→会做→想做"的螺旋，不断获得提升，不断取得成绩，不断增强自信，直到胜任一件事情，甚至把做某件事情变成自己的专长和优势，如图6-9所示。

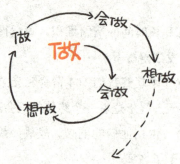

图6-9 以"做"为始螺旋前进

例如你想开始跑步，就想着先请一个跑步教练，办一张健身卡，精心挑选一双跑鞋，再找一份跑步饮食指南，再制订一份完美的跑步日程表，再找一个跑步的同伴，这样就能成为跑者。

这样是行不通的。

你若想开始跑步，就要先跑起来，直接到户外跑，跑起来就好了。穿什么衣服，穿什么鞋子，跑多远，这些都不重要，重要的是先跑起来。一旦跑起来，你就会产生跑步的自信和意愿，就会想跑第2次。多跑几次，你就会主动去研究什么鞋合适、什么衣服合适、什么时间合适、什么距离合适……

我的跑步之旅，就是这样开始的——2018年6月底的一天，我穿着沙滩凉鞋在新纪元公园跑了起来。

很多时候，发展副业也是类似的道理，不会做PPT，没关系，先做起来；不会摄影，没关系，先拍起来；不会讲课，没关系，先讲起来；不会咨询，没关系，先练起来……一旦先做起来，先完成一些事情，先有一些体验，就更容易明白如何做、如何学、如何调整、如何改善、如何做得更好，就更容易真的做好。

这就是我们常说的"与其坐而论道，不若起而行之"。

有效的奖励

"一个人做一件好事并不难，难的是一辈子做好事。"

这句话背后的道理和发展副业是一致的：开始做副业不难，难的是一直做下去，直到做出成果。而要想持续做下去，一个有效的方法就是：构造有效的奖励，激发继续前进的欲望。

有效的奖励至少应具备下面两种特征中的一种。

- 一类带有不确定性，让人无法预测出来奖励具体是什么，因好奇而产生期待。
- 另一类是确定的，可以预测出来是什么奖励，但两次奖励之间保持一定间隔，就会令人期待。

能对我们产生激励作用的奖励可以分为三大类型：社交奖励、猎物奖励和体验奖励。

社交奖励源自我们和他人之间的互动关系，指那些可以让我们觉得被接纳、被认同、受重视、受喜爱、有优越感的东西。

比如支撑我持续写技术博客、写公众号的一个动机就是文章会被很多人看到并点赞；比如很多人旅游会拍照发朋友圈，除了记录，还有两个非常重要的因素，秀优越和渴求认同；再比如微信的朋友圈步数排名、知乎创作者等级、在行的行家星级，这些都是在利用社交奖励推动我们持续去做诸如走路、回答问题、咨询等事情。

有的社交奖励具备不确定性，比如写公众号文章、发微信朋友圈这种，可能没人赞你，也可能赞如潮涌，这种不确定性，会产生奖励效果，令我们期待。

有的社交奖励，如在行的行家星级、论坛的某种头衔，是确定的，但我们觉得它们有特殊的意义，非常重要，为了获得它，我们会持续努力，直到完成各项指标。

我们可以利用已有的社交网络，为我们的副业设计多样化的奖励，比如取得进展时在具备良好伙伴机制的微信群内发红包，比如发朋友圈，比如更新QQ签名，比如发一条微博等。

你可以抽空把这些社交奖励一一记下来，让它们成为我们奖励池中的备选项。

猎物奖励指那些令我们产生较强渴望的物品、资源或信息，比如包包、Kindle、新款手机、书、会员卡、车模、无人机、布偶猫等。我们每个人都有很多想要又因为各种原因一时之间得不到的东西。我们可以把它们写下来，构成自己的奖励池，当自己取得重要进展，如签订约稿合同、获得第1次广告投放、卖出第1件商品时，就从奖励池中挑一项出来奖励自己。为了产生不确定性，也可以用抓阄的方法产生奖励。

体验奖励指将我们在做某些事情时体验到的愉悦感、甜蜜感、胜任感、好玩感、新奇感、刺激感、成就感、操控感等作为奖励。

我构思这一小节时是在2019年5月6日。这天西安下雨，我步行去接女儿笑笑放学。笑笑反常地问我为什么不开车，因为她觉得下雨天走几公里路，很不方便。我告诉她我们家的车限行，她还是不大情愿冒雨走路。走到枫叶新家园时，我告诉笑笑，待会我们可以绕道犇盛牛奶店，给她买双皮奶吃。她一听，非常高兴，喊了声"耶"，拉着我快步往前走起来。加了红豆的双皮奶是笑笑最爱吃的美食，每次吃，都很开心。笑笑小学一二年级时，每周有那么几天求我不要开车，要走路去吃双皮奶。

对笑笑来讲，吃双皮奶的体验，无论重复多少次，都会有甜蜜感，只要一提到吃双皮奶，她就充满期待。像这样能带给我们美好体验的事情，就可以作为奖励，让我们因为想获得某种体验而完成指定的事情。

有的人喜欢吃冰淇淋的甜蜜感，有的人喜欢玩密室脱逃时的紧张感和终结感，有的人喜欢计时拼拆孔明锁的刺激感和胜任感……

你可以想想，自己有哪些印象深刻、想要重复感受的体验，把带来这些体验的事情写下来，纳入奖励池。

合理利用社交奖励、猎物奖励、体验奖励这3种奖励，打造出自己的奖励池，如图6-10所示，能够有效激励我们持续行动，不断前进。

图 6-10　奖励池

个人看板

如果你和我一样，经常有以下体会，可以试试个人看板这个工具。

- 经常不知道自己在做什么。
- 时不时会忘了要做什么。
- 经常觉得没时间。
- 隔三差五就有一些事情延期。

看板最初是丰田汽车公司于 20 世纪 50 年代从超市的运行机制中得到启示，作为一种生产、运送指令的传递工具而被创造出来的。看板通常有以下 3 种作用。

1. 指示搬运、生产的信息。

2. 可视化生产过程。

3. 改善工序、作业。

使用看板管理方法，可以在同一道工序或者前后两道工序之间进行物流或信息流的传递，保障 JIT（JUST-IN-TIME，最佳生产时机）生产方式的顺利进行，如图 6-11 所示即为一个 JIT 看板。

图 6-11 JIT 看板示例

看板最初用于工业企业的生产管理,后来被广泛运用于销售、敏捷软件开发、信息化等各种领域。我们可以简单地将看板理解为一种可视化管理工作任务和流程的方法,并将其改造为个人看板,运用在个人事务的管理上。

个人看板主要使用看板的可视化管理功能,具有如下 6 种重要作用。

1. 让隐藏的工作无所遁形,解决不知道时间去哪儿了的问题。

2. 理清正在处理的工作,解决不知道自己在做什么的问题。

3. 可视化所有工作,解决不知道要干什么的问题。

4. 聚焦重要事务,保障有时间可用,促进按时交付。

5. 工作状态可见,容易看到成果和问题,提升执行力,改善绩效。

6. 移动工作项时具备仪式感,能增强掌控感和自我效能感,促进持续行动。

我们个人的事情,不像工业企业那样种类繁多、工序复杂,对应的看板也比较简单。图 6-12 所示的是我自己使用的看板,我们结合它来讲讲个人看板怎么设计、使用。

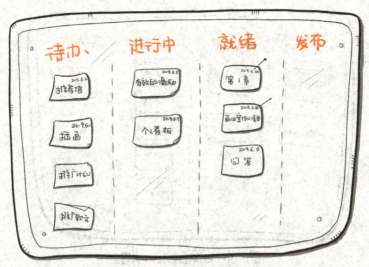

图6-12 书稿写作时的个人看板

如上图所示，我设计的个人看板把工作任务分为待办、进行中、就绪（内部完成尚未交付给客户）、发布（已交付给客户）4种状态，每种状态下面粘贴着写了工作任务的即时贴。

以我写作本书为例，我将序言、封面设计、每一个章节，都做成一个工作任务卡片（即时贴）。没开始做的事情，比如插画、推广计划等，贴在待办栏下面；正在做的，比如我现在（2019年5月7日）正在写个人看板这一小节，对应的任务卡片就贴在进行中这一栏；已经写完的章节，如第1章，粘贴在就绪这一栏下面；发布这一栏可以贴的，应该是在我这个环节来看已经完成的事情，比如"图书交稿"，因为目前书稿还没写完，这一栏空白。注意，每一张工作任务卡片上，至少要有任务简要描述和计划完成日期两项内容。

等书稿写完后，我的个人看板会发生变化，发布栏中会多出一个"图书交稿"的任务卡片，如图6-13所示。

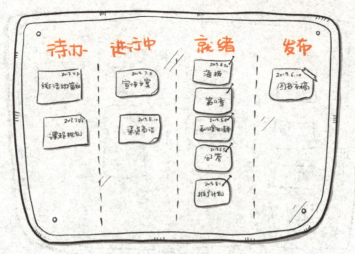

图 6-13　书稿完成时的个人看板

通过上图可以看到，发布栏多了一张内容为"图书交稿"的即时贴，表示图书已经交稿了，接下来进入出版流程，由出版社负责。此时针对写书这件事，待办栏应该是空白的了。但对做副业来讲，我们的活动应该是持续的，完结一个任务，就要思考围绕着目标还有哪些新的事情可做。对写书来讲，我的书稿提交给出版社，很快就会印刷出来，上市销售，为了让更多人知道我出版了这本书，我还需要做很多事情，比如"线下活动策划""课程规划""宣讲"等，它们可以和纸质书形成有效互动，提高图书销量，扩大影响力。

观察图 6-12、图 6-13，我们可以发现，进行中这一栏下面都只有两张即时贴。这源自于我们的一个认知：同时开展的工作不宜太多。这一点请参考"串行工作法"一节。

现在我们汇总一下使用个人看板的几个要点。

1. 写下所有在做的事情，而非只写重要的事。

2. 区分事情的状态。（最好用不同颜色的即时贴表示，如粉红色＝待办，浅蓝色＝进行中，黄色＝就绪，绿色＝已发布）。

3. 工作项状态变更时，使用（颜色与状态匹配的）新即时贴重写任务，然后再移入相应状态栏。

4. 限制同一时间段的工作项不超过 2 个。

5. 只有当一项工作就绪或完成之后才能从待办列表中选择新的工作项开始工作。

🔸注看板可以用实体白板来做，也可以选用工具软件，比如领歌、Trello、Teambition 等。

导师

2017 年的热播剧《我的前半生》第 1 集，唐晶给香港丽浮公司做展示，熬了几个通宵计算出的精确数据，没能打动客户，贺涵在唐晶走出会议室去接罗子君电话时，随手将 2% 修改为 7%，获得了客户的热烈掌声。唐晶为此生气，离开了会议室，贺涵向客户提议休息一下，去外面找唐晶。

唐晶说："我辛辛苦苦熬了那么多个通宵得出来的结论，我出去打个电话，回来就被你这样随手改了。还 7% 个点，你真敢说出口！你让人家怎么能信任我们可以得到这么高的提升？"

贺涵说："你怎么还是不明白呢，人家要我们是来干什么的？就是要得出一个高于 3% 的结论，他们好去公司申请资源和费用投入。你现在给了人家一个 2%，你让人家怎么做？如果公司投不出钱来，我们接下来的工作，也就无从谈起了。"

唐晶说："我是一个咨询顾问，我这么多年刻苦努力地学习实践，就是希望用各种方法计算出一个客观公正的数据结论。"

贺涵说："准确地讲，你应该以你多年所学的各种方法，计算出一个人家想要的数据结论。数据是死的，拿数据怎么排列组合，导出结论，这是活的。我们要时刻心系客户，体验他们的悲观和快乐情绪，并且与他们站在同一条战线上！"

在这一段戏中，看起来贺涵似乎有点不负责任，但实际上，他说的最后一段话，背后的思维却是为别人提供服务的基本原则：时刻心系客户，从客户的角度出发来解决问题。最成功的咨询顾问应该是能够与客户同呼吸、共命运、站在同一条战线上的人。

此时贺涵的行为虽不讨好，却是唐晶导师的角色。而贺涵的这种导师角色，在后面剧集中与罗子君对戏时，表现得更为突出。

贺涵说："实战之前，必须预演，以排除一切意外的可能。以后在工作中，你会有更深的体会。没有人会在乎你所谓的特殊情况，更没有人有心情、有时间去听你解释。如果出了问题，那么就一定是你什么地方没有做好。"

这样不讨好的经验之谈，也是一个把学生的成长放在心里的导师才愿意直言的。

如果我们在发展副业时，能有一位像贺涵这种经验丰富的导师为我们指明道路，那我们就会少走很多弯路。如果这位在我们想做副业所处领域的资深人士能像伯乐一样赏识我们，那就再好不过了。

可可在通信行业内一家公司做行政人事工作，喜欢去美容院做专业面部护理、身体按摩调理，觉得不仅能美容、美体，还能达到深度放松的效果。可可觉得美容业是非常好的行业，如果自己能开一家美容院，不但能创收，还能随时让自己变美。她向老公提出了这个想法，没想到老公不同意，说美容行业门槛低，又苦又累，都是没受过高等教育的人在做，不合适可可。老公还说，开美容院，资金投入太大，包括店面租金、人员工资、购置各种设备等大额开销，哪能说开就开。

可可一想，开美容院资金投入确实大，除此之外，自己经营的话，精力消耗也大，恐怕主业也会受影响，万一折腾两年美容院又做不起来，什么都没了。但可可又实在觉得美容业是可作为终身副业来做的领域，不想轻易放弃，于是就找到开美容院的 A 姐来请教。

A 姐对可可说："要做美容院，最难的是发展客户，你要做老板，必须过的一道坎，就是自己能把握客户，尤其是大客户，其他的，店面、设备、技师等事情，都不是问题，都有办法解决。而要赢得客户，必须专业，所以你要先参加培训，学习各种专业知识，还要学习沟通、营销等技能，然后再试着做做，看能不能开单。如果能开单，可以再往前走走，看要不要开店。"

可可听了 A 姐的话，参与了专业培训，尝试为 A 姐的美容院发展客户。第 1 个客户是朋友推荐的，因为可可的专业知识储备尚浅，当客户问及皮肤特别容易敏感，又担心会起脂肪粒的时候，可可竟不敢用培训老师讲授的常识去解释，一怕引起客户皮肤的不良反应，二怕影响效果和口碑。还好 A 姐当时在场，耐心地向客户讲述了几个特殊案例，并且向客户保证做到不伤害她的肌肤，还会出效果，才获得了客户的信任，就这样可可的第 1 单完成了。

通过跟着 A 姐学习，可可慢慢掌握了如何把握客户心理诉求，如何巧妙地组合专业知识击中客户需求，促成交易。同时，可可也发现了自己的优势——具备很好的同理心及亲和力。凡是她发展过来的客户，都愿意和她保持较亲密的联系，经常和她聊美容、聊生活。

在与 A 姐一起工作的过程中，可可体会到了经营一家美容院的各种杂乱事情，产生了只做销售不做经营的想法。可该怎么做下去呢？她没什么头绪，就找 A 姐请教。

A 姐说："其实我们可以参考现在的共享经济，做'共享美容院'。"可可不明白。A 姐解释说："说白了就是合伙人机制，我负责美容院的经营、店面、技师、医生、设备等，你负责拓展客户。客户这边疗程对应的费用你来收，使用的产品你提供，然后客人到我这里来做护理，使用我的店面、我的人员、我的各种一次性用品、我的服务等。你从收取的费用中，给我结算客人在疗程中产生的人工费、一次性用品费等费用，然后你每个月再给我少量的店面包月费。"

可可一琢磨，这种方式对还有全职工作的自己来说确实非常适合。自己只需要拓展客户，不需要投入大量的时间、人力、物力和财力去管理美容院的日常运营。于是可可就开始以这种方式与 A 姐的美容院展开了合作。

可可是非常幸运的，找到了 A 姐这样的导师和合作伙伴，在 A 姐的帮助下，成功开启了副业道路。类似这样的导师，如何才能拥有呢？我们需要注意以下 5 点。

1. 明确自己想从导师那里获得什么帮助

你必须知道自己的现状，知道要做一件事的要求，分析出其间的差距，找到自己要提升的能力、缺乏的经验等（参考 GPS 法），之后才能寻找合适的导师。比如一个没有讲课经验的人想把培训作为副业，那么他就需要培养课程设计、讲授、活动设计、商务谈判等能力。我们有了这些目标，就可以寻找具备相应经验的人来当自己的导师。

2. 列出你想模仿的对象

列出你最欣赏的 5 个人，并且说明具体原因，如张三丰从零到一设计课程的能力很强，李海峰的课堂呈现非常棒，邓程天的商务谈判和渠道运营能力出众。

注意你罗列的人，不一定要样样都很出众，只要他在某方面很出色，达到了你在这方面想要发展的目标就可以了。

3. 分析他是否适合做导师

并不是所有人都适合做导师——有的人没时间，有的人不愿意把你的事情放在心上，有的人不会辅导别人……所以你要分析你的模仿对象是否适合做你的导师。

常见的鉴别方法有：日常生活接触，主动发起聊天，搜集分析他在社交网络上留下的足迹等。

4. 请他做你的导师，抛却成见，尽可能地向他学习

如果你选定的导师是你认识的人，你可以直接对他说："××我想请你做我的导师，在某某方面定期给我一些建议。"这句话很有力量，对方一般都会愿意考虑。

如果你选定的导师是陌生人或点赞之交，那最好先和他熟悉起来。常见的方法有：通过在行等平台付费约见；加入他的社群或训练营，成为出色的学员；购买他的课程，通过答疑建立联系；主动为他提供帮助，如帮他运营自媒体等。

很多在某方面出色的人都比较有特点，拥有一些你可能比较难以接受的行为风格。比如说话直接，不考虑人的情绪；比如爱压制别人；比如喜怒无常等。此时你要抛却成见，不要有无谓的情绪，要关注导师的亮点，学习他的亮点。

5. 学会回报

导师是在为你提供帮助，你应该回报他。

最简单的回报是对导师的建议说"谢谢"并提供反馈，因为导师也很想知

副业赚钱之道　从 0 到 1 打造多元化收入

道他的建议是否有用，得到反馈会让他感到欣慰。如果他给你提供了很多建议，都没有任何反馈，那他会认为自己对你没有帮助，会慢慢丧失为你提供建议的动力。

你还可以和导师分享你的经历和体会。我们都喜欢听别人的经历，尤其是在某方面帮助过你的人，更愿意了解你在做的事情。

最后，你可以和导师保持较为密切的联系，适时为导师提供帮助。如主动发现导师不大擅长的事情，帮他解决问题；使用自己的资源，帮助导师扩大影响力；介绍有趣的人、优秀的人给导师。这些都是很好的帮助。

最后还要注意，很少会有人像贺涵对待罗子君那样不请自来做你的导师，我们必须主动发现和选择。

预测未来

2017 年 7 月，我在开发知乎 Live 专题"程序员的成长课"时，不断写讲义，不断一个人练习，有些烦闷。有一天，我实在是想转换一下主题，就停下这个专题 Live，放松了一会儿。

在放松的过程中，我琢磨自己为什么要做由 9 场 Live 组成的专题这种庞大的工程，蓦然发现，除了自己总是追求系统性这个重要原因，还有一个原因是，我自以为在知乎 Live 这个舞台上，专题和课程非常稀缺，这个场 Live 组成的专题能够获得更多的关注，可能会赚到更多钱。

想到钱，我就琢磨，到底有哪些方式、方法、渠道可以赚钱呢，有没有必要非死磕这个专题呢？这么一想，如有神助，脑洞忽然就被打开了。我一下子想到自己之前丰富的副业经历，想到身边其他人在做的事情，想到各种微信群里朋友们在讨论的赚钱门道，这些信息，对做过的人来讲很普通，可对没做过副业又想做的人来讲，也许价值不菲！

我马上坐下来，拿出几张 A4 纸，分门别类地画出了各种方式、方法、渠道，规划了一场信息量巨大的知乎 Live，取名叫作"业余时间赚钱的 6 种策略"，到知乎上提交了申请。接下来的两天，我兴奋地等待审核通过的消息。

第 2 天，我正在调整"程序员的成长课"的讲稿，手机震动几下，忽然收到一条短信，打开一看：什么，Live 申请居然被驳回了！哇，这么精彩的创意，知乎 Live 的审核者居然认为不合适！一时之间我真是又诧异、又愤怒，拿手掌拍破了脑袋也想不明白这到底是怎么回事！过了好一会儿，我才平静下来，登录知乎网站，查看原因。

我修改了申请，再次提交，然后又回到"程序员的成长课"讲稿上来。

隔天，手机收到了 Live 审核通过的短信，我根据之前绘制的思维导图，整理出大纲，根据大纲分门别类地梳理了信息，搜集了案例，都保存起来，就把这件事情放下，准备开讲前 3 天自行试讲，酌情修订。

接下来的时间，我又全身心地开发和练习"程序员的成长课"系列 Live，没再关注那个半道上跑出来的小插曲。

2017 年 7 月底，"程序员的成长课"系列 Live 讲完之后，我想起"业余时间赚钱的 6 种策略"来，打开一看，发现已经有 2 000 多人报名这个 Live 班了，简直令人难以置信！接下来的几天，报名人数还在飞速增加，到开讲前，人数飙升到 4 885 人！讲完之后，超过了 5 000 人！

这个结果，我完全没想到，我简直像被"打晕"了，好几天都迷迷糊糊的，仿若做梦一般，不敢相信这居然是真的。然而这种梦境还在持续，每天都有一两百人报名参与，过了一个月，这个 Live 参与人数超过了 1 万！

意外一直在持续上演，网易云课堂、荔枝微课、蜻蜓 FM、互动吧等平台纷纷联系我录制课程。遗憾的是，因为我没有任何思想上的准备，在讲完"业余时间赚钱的 6 种策略"这个 Live 后，就把精力放在了写作新书《程序员的成长课》上。我拒绝了这些对很多人来讲梦寐以求的机会，没有再做与副业赚钱相关的事情。

等我写完《程序员的成长课》那本书，回头再想要联系各个平台开发相应课程时，我发现每个平台都有了类似课程，时间窗口已经消失了！我非常遗憾地错过了多倍放大战果的机会。为什么会那样？

这是因为：我没有提前预测这件事情的可能走向，没有准备相应的预案。

如果我能够提前做一些预测，分析"业余时间赚钱的 6 种策略"这个知乎 Live 的可能结果，列出将要发生的事情，针对每种可能拟定对策，那么当事情真正发生时，我马上就可以采取相应的行动，以最快的速度响应。这就是"预测未来"。

所谓预测未来就是指，设想将要做的事情会发生什么情节，如果某个情节发生，我们应该怎么办，提前拟定应对策略，以期将来能快速响应。

那预测未来具体该怎么做呢？有以下4个步骤。

1. 设想这件事情发展下去可能有什么结果？考虑顺利与不顺利两种情况。

2. 思考面对各种结果时有什么应该采取的措施。

3. 思考这些措施有没有实现的可能。

4. 思考这些措施有没有现在执行的必要。

我们以"业余时间赚钱的6种策略"这个知乎 Live 为例来说明这个步骤。一场知乎 Live 的实施分为两个阶段：话题申请、语音+图文直播讲解。

先看话题申请这个阶段，它比较简单，正好可以演示4个步骤如何应用。

第1步，设想"业余时间赚钱的6种策略"这个 Live 提交审核后可能的结果。

Live 申请只有两种结果：审核通过和审核失败。

第2步，思考各种结果下应该采取的措施。

先考虑审核通过的情况，此时我应该采取哪些措施呢？我应该完善大纲、搜集素材、撰写讲稿、提前试讲。

再看审核失败的情况，此时我应该采取哪些措施呢？我应该根据失败提示，有针对性地修改，再次提交审核。

第3步，思考这些措施有没有实现的可能。

毫无疑问，两种情况的措施都有实现可能。

第4步，思考这些措施有没有现在执行的必要。

对于审核失败的情况，我们无法预测失败原因，应对措施只能在失败后执行，没有现在执行的必要。

对于审核通过的情况，像完善大纲、试讲等措施，是否马上执行，取决于从审核通过到语音直播这中间的时间长短。如果时间特别短，那我就有必要先准备好一切材料并提前试讲。如果时间较长，那就等审核通过后再准备。实际情况是，从审核通过到语音直播，一般会有一周到两周的准备时间，没有必要马上执行。

再来看直播讲解阶段。

第1步，设想直播结束后可能有什么结果。

知乎 Live 直播后，考虑顺利和不顺利两种情况，可以衍生出以下 5 种结果。

1.无人问津。

2.有一部分人购买，反响平平。

3.销量大大超过预期，反响平平。

4.有一部分人购买，反响良好。

5.销量大大超过预期，反响良好。

第2步，思考 5 种结果下应该采取的措施。

一般来讲，一件事情的结果不顺利，要采取的措施是分析原因、寻找对策。结果顺利时，要采取的措施通常有两类：（1）总结经验，用于下一次类似的活动；（2）寻找这件事可能的后续演进。

为节省篇幅和展示方便，接下来我们只选两种结果来应用上面的方法，其他 3 种，你如果感兴趣，可自行分析。

无人问津时，首要做的就是分析原因，可以从话题的吸引力、知乎 Live 的曝光率、直播时间是否适合等方面来综合考虑；其次要确认主要影响因素；最后再来针对每种主要影响因素寻找对策。

销量大大超过预期且反响良好时，我们要从两方面思考应对措施。

先看总结经验这类措施，我们先分析哪些因素可能促进销量，常见的有话题具有很大的吸引力、知乎官方推荐、自己写文章推介、在回答问题时植入 Live 等。至于参与者反响良好的情况，分析评论就知道哪些点获得了赞同。

再看演进类措施，"业余时间赚钱的 6 种策略"这个 Live，演进方向有发展成系列课程、复制到其他知识付费平台、撰写同主题图书。

第3步，思考这些措施有没有实现的可能。

无人问津这种结果对应的措施中，提升话题吸引力、提高知乎 Live 曝光率、设定合适的直播时间，都具备很强的实现可能性。

销量大大超过预期且反响良好时，发展成系列课程、横向复制上线不同平台销售、撰写同主题图书，都能实现。

第 4 步，思考这些措施有没有现在执行的必要。

无人问津对应的措施，现在立即执行可避免这种结果发生，所以很有必要立即采取行动。

销量大大超过预期且反响良好时的措施，其中发展成系列课程和撰写图书，可以拆分，讲规划系列课程的大纲和设计图书大纲提前到现在执行，这样一旦结果很好，立即可以向前演进，以最快速度推出新产品。复制到其他平台去销售这个措施，不用现在执行，等到这种超过预期的结果出现时再执行，才具备可能性。

现在我们演示完了预测未来的具体做法，希望你在做副业时，可以应用这种方法，增强掌控感，降低风险，提升事情成功的概率。

庆祝仪式

稻盛和夫的《干法》中有一段故事，我看过后深受启发，现在转述给大家。

稻盛和夫进公司后第 2 年，有一段时间在测定实验数据。他有位助手，是京都名牌高中的毕业生，头脑非常聪明。当时稻盛和夫负责做预测、做实验，这位助手测定有关数据。

每当实验测出的数据符合稻盛和夫原先的预测时，他就会高兴得"蹦、蹦"从地上跳起来。这时，他的助手总是站在一旁用冷冷的目光注视着他。

有一天，同平时一样，一次实验完后稻盛和夫又开心得跳了起来，并对助手说："喂！你也该高兴啊！"但不料，他的助手用鄙夷的眼神看着他，说："稻盛，说句失礼的话，值得男子汉兴奋得跳起来的事情，一生中也难有几回。但看你的样子，动不动就高兴得手舞足蹈，现在甚至叫我也要同你一起高兴，我是说你轻薄好呢，还是轻率好呢？"

助手的话犹如一盆冷水从稻盛和夫的头顶浇到脚底，让他浑身冰凉。不过只过了一瞬间，稻盛和夫就反驳说："你说什么？因为小小的成功就感到喜悦和感动，这样多好！要想坚持这种枯燥的研究，有了研究成果，就应该真挚地把高兴劲儿表达出来。这种喜悦和感动能给我们的工作注入新的动力，特别是在研究经费不足、研究环境很差的条件下。要把研究做下去，我们就要为每一步小小的成功而庆祝，这样才能给我们增添新的勇气。所以不管你说我轻薄也好，轻率也好，今后我照样要为我的每一个小小成功而开心，并由此把工作不断向前推进。"

发展副业的过程中，一面要尽职尽地地完成本职工作，另一面还要抽出时间做各种尝试，时间压力、精力压力、不确定带来的焦虑、聚焦副业忽略亲友带来的愧疚等各种情况交织，会令我们频繁体会到"万事艰难"。这个时候，我们就要像年轻时的稻盛和夫那样，进展顺利时，直率地表达出快乐，并把这种快乐当作精神食粮，为下一步的工作注入新的动力。

我们可以通过下列方式来庆祝取得的成果。

- 分享给他人，比如亲人、朋友、社群中的同行者。
- 记录到成功日记中。
- 从我们的奖励池中选择一种奖励给自己（奖励池的设计参看"有效的奖励"）。
- 设计一些仪式性的习惯，每当取得进展，就重复这个仪式。

关于仪式性的习惯，我至今还记得高中和大学看足球比赛时我喜欢的明星们的经典庆祝动作。比如阿根廷队的"战神"巴蒂斯图塔进球后就会上演端着机枪扫射的动作，意大利队的"忧郁王子"巴乔进球后经常把右手贴在耳边作倾听状。

类似这样的庆祝仪式，能让自己从工作中暂停，明确地告诉自己："有进展，现在是庆祝时刻！"能很好地引领自己的情绪，为自己带来美好的体验。而这些兴奋、愉悦的体验，又会给我们带来期待，为我们增添前进的信心和勇气。

以我来讲，写作本书的过程中，每完成一个章节，我都会从书桌前站起来，在屋子里走动，边走边做扩胸运动，直到走到阳台时停下来，眺望高新四路上连绵不断的车流3分钟，这一系列的动作，于我来讲，就是一种庆祝仪式。

有效反馈

2019 年 3 月初，夸夸群忽然上了微博热搜，从清华到复旦，各个大学校园里都涌现出了难以计数的夸夸群，甚至在淘宝上也出现了售卖"夸人服务"的店铺。加入夸夸群，被人夸奖就会成为家常便饭，群友们会全方位地用华丽的辞藻疯狂地夸奖、吹捧你。

有同学称午睡起晚了，就会有人夸赞"睡眠真好"，以及"对自己身体好一点"。

有人提出："学习了一下午，求夸。"便会有群友夸赞称："能抵制住外界的诱惑而认真学习，说明您是一个自制力很高的好孩子。"

在有些夸夸群里，群友根据你的想法、头像、语句，甚至是标点符号，说出一大堆夸奖的话。比如"连用 3 个感叹号表达自己由衷的赞美，还是用了简单复古不做作的表情包，看来是一位乐观直爽的姑娘"。再如"每一句都会用逗号和句号，看来是一位知书达理，为人严谨有度，丝毫不拖泥带水的大家闺秀"。

但这些夸奖，为夸而夸，并不是真正有效的反馈，只能在极短的时间内（几秒、几分钟）慰藉一下被夸对象，其效用很快就会消散，不能帮助被夸者改善自我。如果你想要通过反馈强化自己的亮点或改善自己的不足，必须想办法获得有效反馈。有效反馈具有如下特征。

- 针对性。
- 即时性。
- 阶段性。
- 较少的评价意义。

像"你真好""太棒了""了不起"这种模糊的评价，不是有效反馈。

2019 年 1 月 4 日晚上，我和弗兰克微信沟通在我的公众号"程序视界"每周一书栏目推荐他的新书《爆款写作课》的事情，我发送已经写好的读书文章链接给他。

弗兰克看完我的文章后说："如果要写的话，最好呈现出读书之前和读书之后的差异，比如有哪 3 个点最让你印象深刻。甚至你可以从自我介绍这一点去切入。少就是多，这样的话，用户才记得住。"

这就是有效的反馈，提出了"对照呈现效果""选择单个切入点"这样的建议，让人看了之后马上就知道如何改进。

我按照弗兰克的建议，以自我介绍为切入点，重写了文章，再次发给他看。

弗兰克他看完后说："记得和用户产生关系，让他们有所领悟或者行动，比如号召大家也开始梳理自己的 MTV 法则（Me 我是谁，Thing 成就事件，Value 提供的价值）。"

这又是很具体的、有针对性的反馈。

我们在发展副业时，需要的就是类似这样能促进我们不断改善、持续提升的有效反馈。那么怎样才能获得有效反馈呢？可以参考下面 4 个步骤。

1. 寻找合适的人

能给你提供有效反馈的人，具备 3 个特征：①在你尝试的方向具备丰富的经验；②有洞察力，能看到问题症结；③直言不讳。

应该多找几个人为你提供反馈，这几个人最好处在不同的发展阶段，比如在学习某种技能时，可以找熟练应用的人、精通的人和专家。

2. 建立便利的信息反馈机制

借鉴"极度容易"的原理，反馈成本越低，别人越容易给你反馈。

降低反馈成本可以从两个方面入手，一是解读你所提供信息的时间成本和精力成本，二是提供反馈给你的渠道成本。

我们举个例子说明解决信息的成本。你要学习 PPT 设计，请汤小小给你反馈，你直接发一个 50 页的 PPT 文件给汤小小，对汤小小来讲，解读成本就很高。如果你挑选自己认为需要改进而又想不出怎么改进的一页，截图发给汤小小，她几秒钟就可以看完，解读成本就很低，她就更容易提供意见。

反馈渠道指的是为了解读你的信息或提供反馈信息给你需要使用的方式方法。比如你要为自己的 PPT 设计搜集反馈，"微信＋图片"是一种方式，"邮件＋附件"也是一种方式。再比如你要请谷子为你的瑜伽体式提供反馈，约谷子到会馆来现场观看是一种方式，采用微信视频聊天是一种方式，录制视频发给谷子也是一种方式。

不同的反馈渠道的成本差异很大。"约谷子到会馆来现场观看"这种方式对谷子来讲成本就特别高，而录制视频发给谷子这种方式对谷子来讲就没什么成本。

3.真诚地请求他人反馈，不为自己辩护

我们有自我防卫的习惯，别人一旦说自己某个地方不足，马上就会警惕起来，下意识地就会找理由为自己辩护。这种习惯会严重影响别人给我们反馈的意愿。我们必须真诚地请求他人反馈，放下自我保护，敞开自己，就事论事地接纳他人的意见，这样别人才愿意给你提意见。

4.对他人的反馈给予反馈

我找弗兰克看文章，每次他的反馈意见一过来，我就马上着手修改，改好后再发给他看，这就是我在用行动对他的建议做出反馈。假如我嘴上说"你提的这点特别好"但迟迟不修改文章，那他就会对我失望，不再提供意见给我。

搜集他人的有效反馈，目的是为了改进，所以我们必须决定听了反馈之后怎么行动，并且把自己的行动结果告知对方并表达感谢，这样对方才知道他们的建议是不是对我们有帮助。如果我们只是嘴上不断地说"好好好""你说得很对"，但一直不落实到行动上，那对方后续就不愿意再给你反馈。

提升重要性

假如你认为一件事没那么重要，你就不会想那么快地去做。再假如这件事还有点难度，那你可能根本就不会去做。反过来，如果你觉得一件事非常重要，做起来又很容易，那你就很愿意付诸行动去完成它。

很多人不读书，是因为他们觉得读书没什么用，一点儿也不重要。但如果看了某本书就能学到一个解决他们迫在眉睫的问题的方法，那他们就很愿意去看这本书。比如做公众号运营和朋友圈文案营销的朋友，为了起好一个标题、写好一个文案，就很愿意读《吸金广告》《爆款写作课》《爆款文案》等书。

有的人想通过副业创造第 2 份收入，但迟迟不行动，也可能是这件事对他没那么重要——主业收入足够多，生活无忧，所以做不做也无所谓。但如果他忽然像 2015 ～ 2018 年石油、电力等领域很多企业的员工那样遭遇被降薪、减福利的状况，生活用度一下子变得很紧张，那他很可能就会马上着手准备行动。

如果人们认为这件事很重要，他们就有动力去做，就容易开始做，就容易坚持做。基于这种认识，如果我们能想办法提升事情的重要性，就能助推自己采取行动。

要想让一件事情变得重要，可以想办法让它和人们心目中头等重要的东西——金钱、社会关系和健康产生联系。具体的方法有两种。

- 生活体验，比如体验到了不做某事的痛苦，体验到了某种失去。
- 让人们觉得某事现在就很重要，而不是将来才重要。

我上大学时经常踢球，有足够的运动量，身体也不错。毕业后，因为懒惰和缺乏必要的环境、社群，我就放弃了踢球，再也没运动过。从 2002 年到 2017 年这 15 年，我都没锻炼过身体。很多次和爱人谈起要通过跑步锻炼身体，都因为上班忙、照顾孩子忙而不了了之。尽管我知道跑步是很容易开始的一件事，从长远来看也很重要，可我就是没有行动过，一次也没跑过！

2017 年 12 月 15 日早晨，我起床后，到厨房接水，在等待电水壶注满水时，忽然觉得心慌、浑身虚飘无力，我扶住水槽，深呼吸，也没什么好转……我可能是打算走出厨房，到沙发那里去休息，但却很快失去了意识，摔倒在沙发脚下。幸运的是我爱人听到了我倒地的声音，起床把我救醒了。

这之后，历时半年，我做了各种检查，查出诸如卵圆孔未闭、血脂高、颈动脉粥样硬化等各种问题，我一下子意识到健康的重要性，想赶紧锻炼起来。从医生那里获得我这种状况可以跑步的回答后，我在 2018 年 6 月开始了晨跑，一直坚持到现在。即便冬天，外面零下几摄氏度，我也努力穿上运动服到外面去跑步。

之所以有这样的转变，就是我体验到了失去健康的痛苦，然后把跑步和健康关联了起来，把跑步的重要性提到了无限高的程度。

像健康、学习新技能、开辟新的收入渠道这样的事情，对很多人都非常重要，但它们都有一个特点，那就是它们的重要性要在将来才能体现出来。人们可以理解并感觉这些事情很重要，但这种理解和感觉不足以让他们坚持下去，因为人们很难为遥远的奖励做出长期改变。他们必须得觉得某件事现在就很重要，不做就会失去很重要的东西，才会行动起来。

要想让人们感觉到将来很重要的事情对于现在也很重要，可以借助一项叫作"未来自我干预"的练习。

比如往退休储蓄账户存款很重要，但我们这些不满 40 岁的人都不觉得这是当下就要持续做的事情，那么未来自我干预就可以这么做：制作一张我们自己老年的照片或者老年因为没有足够的养老金而凄苦度日的照片，贴在冰箱上，隔三差五地看一看，这样我们的意识就会不断被强化，就会觉得退休储蓄很重要，就容易行动起来。

我们当中很少人天生就"懒惰""不能坚持""没长性"。我们之所以无法坚持自己想要改变的事情，比如跑步、读书、学习营销、参加社交活动，往往是因为没有看到做这些事情的重要性，只要我们想办法让事情变得足够重要，重要到我们愿意为了它而改变，我们就能改变，就能坚持。

ABCDE 模型

ABCDE 模型是一个理解和处理心理障碍的框架模型，是阿尔伯特·埃利斯（Albert Ellis）理性情绪行为疗法（REBT）的基本理论。它的核心在于："人们不是被事物困扰，而是被他们所接受的观点困扰。"换句话说：我们的情绪、感受、内心障碍，并不是来源于某件事，而是源自于我们对这件事的解释。

我们 90% 的烦恼、痛苦、心理障碍，都来自对现实事件的不当解释。所以如果我们能够更换针对某件事的解释，结果就会发生改变，我们就能获得新的信念，采取恰当的行动。

ABCDE 模型是认知行为教练技术中常用的模型，由教练对受训者使用。我们了解了这个模型后，也可以用它进行自我训练。

下面我结合自己开通知识星球"副业赚钱"这件事来介绍一下这个模型如何使用。

情境 A（现实事件）

受训者（这里是我自己）客观描述当前情境：我将于 2019 年 5 月 9 日开通知识星球"副业赚钱"。

关键 A（现实事件）

受训者（这里是我自己）主观描述最令人不安的情景："我非常非常担心正式开通星球后付费加入的星友太少，寝食难安。"

B= 自我限制/挫败感

这些信息由关键 A 触发：我的知识星球"副业赚钱"一个星期内必须有超过 200 人加入，否则就说明我的个人影响力很差，圈内人就会嘲笑我名不副实。

C= 结果

结果很多时候是由 B 带来的，可以从 5 个方面描述。

情感：变得更加焦虑，患得患失，几度想要放弃。

行为：过度疯狂地准备，放弃照顾孩子和爱人，还产生了睡眠障碍，两个晚上迟迟无法入睡，入睡后辗转反侧，极易醒来。

身体：持续紧张、脖颈木硬、头脑昏沉。

社交：与家人互动时变得敏感、烦躁，有轻微言语暴力；与朋友互动时疑心他人等着嘲笑我。

认知：产生了关于结果的灾难性想法，比如被人嘲笑、个人影响力很差、名不副实等。

D= 对自我否定的信念的检验

这部分可以通过以下几个问题来反思自我否定的信念是否真实客观。

1. 这种观念是固定的还是偶尔的："我的知识星球"副业赚钱"必须在一个星期内有超过 200 人加入"这一观念是因为结果还是因为需要？

答案是：这个观念并非来自实际的结果，而是因为我自己的需要才产生的。我的需要是一种情绪，并非现实。基于自己的情绪来设定结果，是不客观、不真实的。

2. 这种观念是极端的还是非极端的：如果我的知识星球"副业赚钱"加入人数不足 200 人，就说明我个人影响力很差，就会被嘲笑名不副实，这是不是有点过分了？

答案是：这种观念是极端的，因为这次推广吸引不到 200 人，不一定是个人影响力的问题，还可能是因为这次活动的各个环节准备不充分、工作不到位。

3. 这种观念有道理吗：我希望一周内有 200 人加入我的知识星球"副业赚

钱"，这个目标合乎逻辑吗，必须如此吗？

答案是：这种观念没有道理，只是我自恋地认为有很多人愿意跟随我做副业探索和实践，我不能接受连200人都没有的事实，所以我单方面地、想当然地、主观地设定了200这个数字。还有，我是提供内容和辅导的，而知识星球的加入人数受到很多因素影响，比如可以使用的流量、文案的效果、重要他人的推荐等，这些都是我不擅长的，我没有任何评估就设定200这个目标，也是没有道理的。

4. 这种观念现实吗：有什么证据可以证明吸引不到200人就说明我个人影响力差、名不副实呢？

回答是：不符合现实。我之所以产生运营"副业赚钱"这个知识星球的想法，是因为之前在运营公众号、出版图书、开发在线课程等事情上取得了成果，让我看到了自己内容输出的价值和个人影响力。这样的价值和影响力已在多个维度获得证实，不应该被"一周内星球人数不足200"这个单一事件全盘否定。

5. 保有过去的观念会如何：成本更高还是收益更高？

答案是：成本更高。持有这种观念，会严重影响我的工作绩效，我正在写的这本书会被推迟交稿，我的知识星球"副业赚钱"也会由于我的焦虑带来的工作不当而无法准时推出。

E= 新的有效的信念

通过D这个步骤，用合理的信念驳斥不合理信念，新的有效的信念就会产生，进而会取得适应性、同情心、平衡、自我绩效等多方面的改善。

我现在就改变了原有信念，产生了新的想法。

我意识到，我输出内容的价值，和一周内加入"副业赚钱"知识星球的人数没有必然的关系，即便一周内星球人数不足200人，也不能证明我的输出没有价值，也不能说明我名不副实。即便有一些圈内人因此而质疑我，我也不必理会，因为我之前的输出价值和影响力还在，这一件事不能全盘否定我这个人。

我还想明白了，如果我正式运营知识星球"副业赚钱"一周内人数不足200人，说明我有些环节做得不好，比如我需要把内容的输出和沉淀这件事做扎实，让已加入的人满意，愿意分享，让观望的人感受到被强烈吸引，愿意加入；比如我需要学习运营优秀的知识星球的方法等。这样想来，"一周内星球人数不足 200 人"就不是一场"灾难"，而是一个提升我的综合能力的契机。

使用 ABCDE 模型的前提是我们要接受"A 只会影响 C，并不会导致 C，而是 B 在很大程度上决定 C"这个逻辑。这种逻辑允许我们针对 A 有不同的看法，从而使我们可以经由 D 产生新的看法，改变 C 的反应。

调试情绪还有很多方法，比如：

- 阿尔伯特·埃利斯的 ABC's 诱因模型（参考《我的情绪为何总被他人左右》一书）
- 拜伦·凯蒂的一念之转（参考《一念之转》一书）

感兴趣的话可以阅读我给出的参考书。

经营副业的 7 个阶段

在采访副业者的过程中，我发现大部分做副业的职场人士都会经历图 6-14 所示的 7 个阶段。

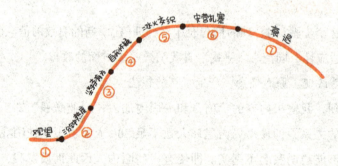

图 6-14　副业的 7 个阶段

阶段 1：观望

看到别人做副业赚到了钱，自己也想试试；看到别人做副业功成名就，自己也想试试；主业三花聚顶，想要做做副业来横向突破；想在感兴趣的方向上挖掘，看能不能把兴趣变成一种事业……很多人会因为各式各样的原因，想走走副业的路，但只是停留在想一想、谋划谋划的阶段，还没迈出第 1 步，这些人就处在观望阶段。

大部分人会在这个阶段放弃。比如上一章介绍生涯人物访谈时，我提到有一位经由 CSDN 私信联系我了解撰写技术博客事宜的工程师，他从我这里获取了一些信息后，就放弃了写博客这项副业。我出书后，有十几个人先后找我咨询过如何写作并出版一本图书，只有路桑一人采取行动，出版了书籍。

放弃者的原因各有不同，比如事情太难，比如时间不够用，比如即将进入的生活状态与自己设想中的状态差距太大，比如担心付出了也不一定有回报等。

阶段 2：三分钟热度

跨过观望阶段的人，怀着对副业成功后有大把现金流入、社交圈层提升、财务自由、影响力提升天天可以做自己喜欢的事等美好结局的强烈憧憬，开始采取行动，在新鲜感和热情的加持之下，浑身是劲，勇猛前行，仿佛副业有成指日可待。然而不久之后他们就会发现：在最初的新鲜感和热情褪去之后，各式各样的不适和麻烦接踵而至：时间不够用，睡眠不够，大咖不回答自己的微信消息，没钱参加昂贵的线下培训，缺乏资格认证，老板总是用狐疑的眼光凝视自己，回报遥遥无期……

疲惫的感觉如潮水般涌来，隔三差五还有"你好差劲"的声音响起，于是，两种选择浮现天际：一种是放弃，一种是继续。有一部分人选择了继续，找到一些方法，走向了下一个阶段。更多的一部分人选择了放弃，给自己贴上了"三分钟热度"的标签。

放弃者常有如下说法。

- 体验了一下，发现不喜欢。
- 成功遥遥无期。
- 投入时间和精力太多，影响正常生活。
- 能力不足。

- 不确定性太多。

- 还是想过得自在一些。

- 不值得。

阶段 3：坚持有方

在DISC国际双证班学习时，我对李海峰老师说的"凡事必有4种解决方法"这句话印象深刻，它正是进入坚持有方这个阶段的副业者的写照。他们会通过各种方法，譬如社群打卡、深夜晒朋友圈、畅想未来、分解目标、降低难度、画路线图、对标榜样等，竭尽所能地让自己多做一段时间。

处于这个阶段的人，认同自己的坚持，觉得胜利就在前方，不放弃就可以"剩者为王"。

阶段 4：自我怀疑

身处坚持有方阶段的副业探索者，如果长时间体验不到"回报感"，就会进入自我怀疑阶段。这个阶段的典型特征是各种怀疑、反复怀疑，具体包括以下几方面。

- 怀疑初衷：我为什么要辛辛苦苦做这个事情呢？

- 怀疑成功的可能性：坚持真的可以成功吗？

- 怀疑投入产出比：到底能有多少回报？投入这么多精力值得吗？

- 怀疑用错了力气：我的方向对吗？我做事的方法对吗？

怀疑得多了，就会焦虑，压力与日俱增，扛不住时就会退却。放弃的原因多集中在以下几点。

- 成功遥遥无期，看不到希望。

- 不值得。

- 有更想做的事情了。

阶段 5：冰火交织

在自我怀疑阶段挣扎前行的副业者，会在某一天，忽然说不清道不明地谈成了一个单子，有了收入，于是过去种种自我怀疑倏忽之间烟消云散，整个人兴奋异常，挺进冰火交织阶段。

冰火交织期的典型特征是：收入时有时无、忽高忽低，极不稳定。副业者也因此而一时情绪高涨、踌躇满志，一时意气消沉、焦虑怀疑。比如做课程分销的本超，就经常在这两种状态间切换；比如做知乎 Live 的我，爆款语音课会让我喜出望外，趁热打铁再推出的课程居然无人问津又让我丧气连连。

阶段 6：安营扎寨

如果一个人可以度过冰火交织期，将副业带入正轨，做到收入可预测、目标可管理，那就进入了最佳阶段——安营扎寨期。在这个时期，我们每年要花多少精力在副业上、收入大概是多少、成本大概是多少、出现未预料到的情况要怎样应对，都可以预测。副业做到这一步，就达到了成熟稳定的阶段，需要通过持续创新、优化成本结构、放大服务能力来保持长期的竞争力，尽可能延长这个阶段的持续时间。

阶段 7：衰退

很多副业所属领域会有生命周期或红利周期，当领域生命周期进入衰退阶段或红利周期消失，副业也相应地进入衰退阶段，很难再获取符合期望的收入。

快的于 2014 年 7 月 8 日推出一号专车（快的），与滴滴、Uber（优步）竞争。一号专车不抽成，平峰期（上午 10 点到下午 5 点）每单保底补贴 50 元，高峰期（早上 7 点到 10 点，下午 5 点到 7 点）每单保底补贴 60 元。一号专车司机每天光补贴就可以拿好几百元，即便是晚上或周末兼职跑，一个月也能赚好几千元的补贴。

2014 年 8 月 19 日，滴滴专车公测上线。

2015 年 2 月 14 日，滴滴、快的合并，一号专车取消了保底补贴。2015 年 5 月 3 日，一号专车全国关闭。

滴滴和快的合并后，和逆袭的 Uber（优步）展开了新的补贴大战。

Uber 对司机实施双倍补贴，车费显示 20 元，司机实际收入 40 元。早晚高峰，完成 3 单奖励 50 元，5 单 100 元。通常来讲，完成 3 单没问题。

2015 年 5 月，Uber 补贴升级，平峰期完成 7 单奖励 100 元。这个任务也很好完成。

在这种背景下，开 Uber 专车，收入相当可观。

2016 年 8 月 1 日，滴滴出行与优步中国宣布合并。

纵观滴滴、快的、优步中国的竞争历程，我们可以看到，专车司机的红利期，就是 2014 年 8 月 19 日到 2016 年 8 月 1 日。在此期间，兼职开一号专车、优步专车，一个月额外收入五六千元大有可能。而过了这个红利期，比如现在（2019 年 4 月），专职跑滴滴专车，一个月收入也就是五六千元，兼职就更少了。那对于把开专车当作副业的人来说，从 2016 年 8 月 1 日，他的副业就进入了衰退期。

除了市场竞争造成的红利期消失会导致副业进入衰退期，更为常见的是，副业所依赖的产品或服务退出市场所导致的副业衰退。比如小胡以售卖 Excel 视频课程为副业，Excel 2007 出来，他的 Excel 2003 课程销量骤减，Excel 2010 出来，他的 Excel 2007 课程销量骤减……每次 Excel 版本更新，都会将他之前版本的视频课程逼进衰退阶段。

如果预测到副业即将进入衰退阶段，通常我们应该考虑的是培育新的机会，如图 6-15 所示。

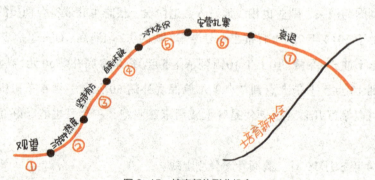

图 6-15　培育新的副业机会

现在，请你想想，自己处于哪个副业阶段。

针对不同阶段选用不同的"武器"组合

现在我们的持续行动工具箱里有了十八般"武器"，能在不同情境下从不同角度帮助我们更好地完成发展副业的过程。不过我们必须根据自己所处的副业阶段，选用适合自己的多种"武器"，将它们组合起来解决问题。接下来我们就把上一节介绍的十八般"武器"与副业发展的 7 个阶段的关联性列出来，方便大家选用。

1. 观望阶段

观望阶段的人需要一点助推，尽快展开行动，适用下列工具。

- 愿景板：可视化美好未来，增强动力。
- 阶梯模型：可以化大为小，大大增加事情的可行性。
- 提升重要性：越重要越愿意早点开始。
- 极度容易：降低采取行动的难度。
- 起而行之：做是真正的起点。
- GPS 法：规划路线图，让事情变得容易把握。
- 时间日志：找到可用时间，降低时间难度。
- ABCDE 模型：消除因不当想法产生的畏难情绪，扫清心理障碍。

2. 三分钟热度

这个阶段的特点是容易畏难而放弃，适用下列工具。

- 极度容易：降低行动难度，消除障碍。
- 提升重要性：越重要越难以放弃。
- GPS 法：看到方向和计划，增强信心。
- 阶梯模型：聚焦近期目标、步骤，使用清单分解法，缩短反馈周期。
- 伙伴机制：他人可以成为自己前进的动力，还可以有效阻止自己退却。
- 愿景板：重温愿景，提升动力。
- 成功日记：看到自己取得的各种小成绩，增强自我效能感。
- 串行工作法：降低带宽消耗，提升效率，加快进展，增强信心。
- 有效的奖励：诱惑自己前进。
- 预测未来：让自己看到顺利与不顺利的结果，增强确定感和胜任感。
- 庆祝仪式：庆祝微小成果，增添前行勇气。
- ABCDE 模型：调节自己的畏难情绪，改变信念，激发新的行为。

3. 坚持有方

进入这个阶段，需要各种武器组合使用，联动产生澎湃动力，让行进更持久。这一阶段适用下列工具。

- 个人看板：可视化所有工作，控制进行中的任务，稳定节奏。
- 串行工作法：降低同一时间段内的工作数量，通过专注一件事来提升效率。
- 检视三问：回顾一段时期内的执行情况，既可避免偏离目标，又可适时调整。
- 导师：导师的指点可以让我们少走弯路。
- 伙伴机制：好的伙伴可以相互助力，砥砺前行。
- 阶梯模型：长短结合，既要低头走路，又要抬头看路。
- 愿景板：畅想未来，增强动力。
- 成功日记：让点滴进步变得可感知，增强勇气和信心。
- 有效的奖励：刺激被奖赏的欲望，加强期待。
- 庆祝仪式：在每一次取得进展时，唤醒正面情绪。
- ABCDE 模型：调节自己的畏难情绪，改变信念，激发新的行为。
- 极度容易：让事情变容易，更好坚持。

4. 自我怀疑

这个阶段的特点是对自己所作所为的意义、做事的方式方法、回报是否值得等产生怀疑，需要明确愿景，加强动机，确认方向。这一阶段适用下列工具。

- 愿景板：重申愿景，消除意义方面的质疑或及时放弃不再适用的目标。
- ABCDE 模型：调节怀疑情绪，改变信念，重新振作。
- 导师：与导师沟通，获取指点，确保前进方向和做事方式正确。
- 阶梯模型：构造多级别"回报"，降低反馈周期，消除成功遥遥无期的感觉。
- 提升重要性：越重要，越不容易放弃。
- 有效反馈：获取他人反馈，检视自己是否在正确的轨道上。
- 预测未来：检视正反两面，确定是否需要继续前进。

5. 冰火交织

回报时有时无的不确定性，忽多忽少的波动性，努力不一定能改善结果，这些现实和体验都很容易让这个阶段的人被强烈的情绪起伏困扰。这一阶段适用下列工具。

- 导师：有丰富经验的导师已经走过这个阶段，可提供很多方法。
- ABCDE模型：调试自己因"应该化""灾难化"思维习惯产生的负面情绪，用积极态度行事。
- 有效反馈：请他人帮助分析自己的现状和问题。
- 伙伴机制：参考他人的状况，相互印证，扩大视野，寻找破解之道。
- 个人看板：可视化所有工作，聚焦重要事务。
- 时间日志：精确记录时间消耗，诊断精力分配是否存在问题。
- 串行工作法：聚焦关键要务，提升效果。
- 成功日记：情绪低谷时可增强信心。

6. 安营扎寨

在这个阶段我们已经建立了稳定的副业，业务和收入等都可以预测和管理，我们需要研究如何更进一步，需要提防进入衰退，需要培育新机会。这一阶段适用下列工具。

- 预测未来：通过周详的考虑，提升事情的可控性。
- 伙伴机制：留意新动向、新消息，把握新机会。
- 起而行之：当有新机会时，做做看。
- 愿景板：适时调整愿景和目标，避免懈怠。
- 有效反馈：请他人给自己反馈，避免自我感觉偏差。
- 时间日志：分析时间消耗，找出培育新机会的时间。

7. 衰退

这个阶段，副业岌岌可危，应该尽快寻找新机会，培育新的增长点。这个阶段适用下列工具。

- 愿景板：明确愿景，指导机会选择。
- 伙伴机制：共商对策，把握新机会。
- 预测未来：设想未来，用于指导现在的行动。
- 时间日志：分析时间消耗，分配更多时间来探索新机会。

- **GPS 法**：针对新机会，寻找路线图。
- **起而行之**：尽快尝试，尽快调整。

图 6-16 简明扼要地呈现了副业 7 个阶段和持续行动的十八般武器之间的关联，以供参考。

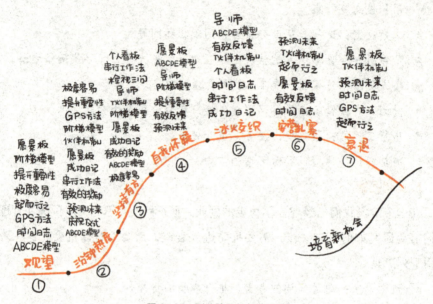

图 6-16　副业阶段与行动工具

实践：根据你的阶段选出适合你的"武器"

现在，请评估你所处的副业阶段，并挑选出适合你自己的"武器"，填入表 6-3 中。

表 6-3　副业阶段和"武器"

副业阶段	
"武器"	

第 *7* 章

复盘：

改进执行，校验方向，
提升成功概率

陈中所著《复盘：对过去的事情做思维演练》一书中对复盘有一个简单的定义。

所谓复盘，就是在头脑中将过去所做的事情重新"过"一遍。它通过对过去的思维和行为进行回顾、反思和探究，实现能力的提升。复盘的关键是推演，通过推演这个工作，复盘就不仅仅是对过去的复制呈现，而是可以对各种可能性进行探讨。

这里的推演，通常指的是找出从起点到终点的若干个关键决策点，分析每个决策点的可能分支选项，设想选择每种分支可能出现的结局。有了推演，复盘能把过去所做事情的各种可能演练一遍，而不是仅仅对已经在现实中发生过的那种可能性做总结。

要提升，多复盘；要成功，精复盘。

为什么要复盘？

复盘有很多好处。

1. 避免犯同样的错误。

在第 6 章 "预测未来" 这一节，我以 "业余时间赚钱的 6 种策略" 这个知乎 Live 为例演示了如何应用 "预测未来" 这种方法来应对突发状况。在开发这个知乎 Live 时，我没有做什么规划，没有提前去设想它执行后可能出现的结果，所以当它意外地成为爆款时，我没有任何策略可以应对，傻傻地 "婉拒" 了网易云课堂、荔枝微课、蜻蜓 FM 等平台的合作邀约，错失了放大战果的机会。

经过对这段经历的复盘，我现在做事情时，就会记得先用"预测未来"这种方法来设想事情顺利和不顺利时可能出现的各种结果，提前想好每种应对策略，并分析是否要提前执行策略，这样我就不会再犯当初"业余时间赚钱的 6 种策略"那个知乎 Live 的错误。开通与本书关联的知识星球"副业赚钱"时，我就应用了"预测未来"的方法，分析出了各种情况，较为从容地进行了应对。

2. 固化流程。

还是刚才的例子，通过复盘，我意识到了做一件事情时"预测未来"的重要性，事情结束后复盘的重要性，那做事情的一个流程就浮现出来。

- 事前预测未来，设想各种结果，拟定应对策略，分析策略可行性，安排策略执行时间。
- 做事过程中，适时分析事情走向，执行事先准备的策略。
- 事后复盘，发现不足，提取经验和新知，更新知识体系。

这个流程，就可以固化下来，每一次做有难度和有明显不可控因素的事情时都可以应用。

3. 校验前进方向。

"业余时间赚钱的 6 种策略"这个知乎 Live，是我在开发"程序员的成长课"Live 专题的过程中忽然冒出来的一个想法。完成它之后，我并没有复盘，直接把它放在了一边，然后按预设路线图，开始专注撰写《程序员的成长课》这本书，把所有其他事情都摒除在外，如图 7-1 所示。

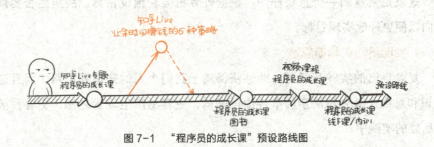

图 7-1 "程序员的成长课"预设路线图

2018 年 9 月，《程序员的成长课》书稿完成，进入出版流程，我的时间相对宽裕了，就回过头来想要看看在业余时间赚钱这个方向上还可以做些什么事情。然而遗憾的是，一年过去了，各个平台都已经有了同主题课程，我已经没有必要再继续了。

假如我在"业余时间赚钱的6种策略"完成之后进行复盘，分析自己为什么要坚持写作《程序员的成长课》这本书，就会发现有两个目的：立言和赚钱。对当时的我来讲，立言并不着急，延迟几个月甚至一年半载，也没什么关系。而赚钱的目的则因为程序员受众数量有限（出书也不见得能卖出两万本）而很难实现。反过来看我"无心插柳"的知乎 Live，则已经被市场验证，受众广且愿意为之买单，而且这个方向有很多内容可以持续挖掘，加之有各大平台相约，如果乘势前进，那么收入可期。这样回顾、推演一番，可能我的预设路线就会发生调整，演变成如图 7-2 所示。

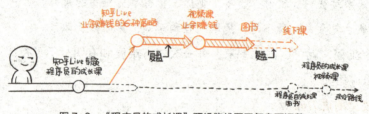

图 7-2 "程序员的成长课"预设路线图因复盘而调整

调整后的路线图，《程序员的成长课》图书写作被延后，变为辅道，业余时间赚钱这个方向的挖掘和开发从辅道切换为主道。接下来，每经过一个里程碑，系统复盘一次，看是否需要切换主道和辅道。

这就是复盘的一个重要作用：根据外界机会和预设目标，决定是否要调整方向以便更好地实现目标。

4. 发现新知识和新思路。

复盘自己的实践和经历，能够获得属于我们个人的知识和思路。而且这些知识和思维，因为是从亲历事件中得来的，更容易产生珍贵之感，更容易被用于后续的实践中。

我在写作《程序员的成长课》时抱了很大期望，投入了相当多的精力，期望它能够畅销，实现立言和赚钱的双重目的。但图书出版后，我发现即便它每天都在 IT 新书排行榜上，销量也有限，多则几十本，少则几本，这样一年下来也卖不了多少本，很难实现我的目标。

通过复盘，我发现自己在出版图书这件事上存在 4 个显著问题。首先，我是从自己的知识、经验、经历等核心资源出发，自己有什么就写什么，接近于自说自话，没有做过需求调研，最终结果是所写话题并非刚需；其次，选题受众大约 500 万，不够大；然后，我的写作风格冷硬，偏逻辑分析，不易读，不吸引人；最后，不懂卖书的方法。

这样分析之后，我就获得了出版图书的新知识和新思路：①选题要从读者需求出发，切中痒点或痛点；②受众群体要大；③写作呈现方式要能契合读者的阅读和吸收习惯，能吸引人读下去；④了解卖书的方法，找出我能做的部分，竭尽所能去做，不能做的部分，请求出版社和第三方帮助。

如果按照这样的方式来出版图书，那我很可能就可以打破原来的窘况。

复盘还有很多其他的好处，比如可以发现问题背后的问题，可以提升自我品性等，随着不断地实践复盘，我们会有越来越深刻的体会。

复盘能带给我们各式各样的好处，将其引入我们的工作和生活中非常必要，那我们应该在什么时候复盘呢？

什么时候复盘？

对我们个人来讲，复盘可以分成以下两种。

- 事件触发型复盘，比如项目抵达里程碑节点（或重大状态改变）、项目完结。
- 时间触发型复盘，比如每日、每周、每月、每年、每 5 年，通常表现为周期性复盘。

应用事件触发型复盘的前提是对项目（或事情）应用阶梯模型、倒推法、GPS 法，规划出路线图，标注出里程碑节点和各种小目标，这样达成每一个小目标，到达每一个里程碑，都会触发复盘行为。

时间触发型复盘，短周期的操作起来简单一些，比如每日复盘可以通过记录成功日记（参考第6章）的方式进行，每周复盘可以使用"检视三问"法；长周期的复盘则应该使用结构化的工具（复盘饼图，见下一节），进行相对系统的复盘，比如每月、每年的复盘，这种较长周期的复盘，可以基于这段时间的整体目标来做，也可以把这段时间内发生的关键事件罗列出来一个一个地做。

两种类型的复盘结合起来，效果更好。

每周日晚上花10分钟时间，回顾一下自己的目标，盘点自己做了什么和目标相关的事情，问问自己取得了什么进展，就能很好地检视自己的节奏和方向。

通过这种短周期的复盘发现进展或项目状态变更，我们就可以立即针对特定事件和进展，应用复盘饼图框架，快速对短期目标或长期目标进行复盘，适时调整策略，让自己更好地前进。

刚才我们多次提到的"复盘饼图"是我设计的复盘框架，使用它，可以快速对一件事进行较为系统的复盘，接下来我们将介绍它的用法。

使用复盘饼图工具快速复盘

我把复盘分成4个步骤。

1. 目标回顾。

2. 现状梳理。

3. 分析反思。

4. 未来方向。

这4个步骤可以作为一个简单的框架，指导一件环节较多、较为复杂的事情的各个节点的复盘。每次复盘完毕，最好把复盘的过程产出形成图文，归档保存，以便后期查阅。

因为这4个步骤是往复循环进行的，所以我把它们设计成了复盘饼图，如图7-3所示。

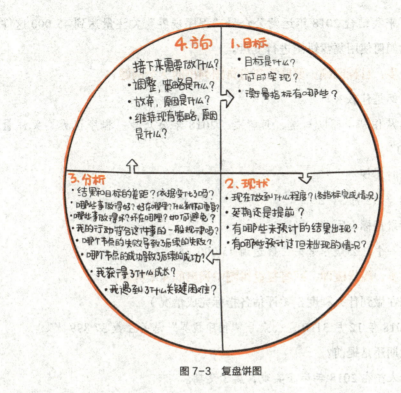

图 7-3　复盘饼图

图 7-4 是我从领歌上截取的一个目标卡片。

目标∨

2018年公众号"程序视界"关注量达到45 000

编辑卡片描述

S: 提升公众号关注量

M: 1月26日关注量28 930，年底关注量达到45 000

A: 目前有将近3万，通过互推、易传播的文章、其他平台导流等手段来实现

R: ▓▓▓▓▓▓▓▓▓▓▓▓▓▓▓▓▓▓▓▓

T: 2018.12.31

计划

任务	达成标准	措施和手段	预计完成时间	自我评价
互推	涨粉1 200	参与1次互推	2018.2.28	2月1日自己发推文，估计增粉 600 左右，总体效果未达预期，下次找粉丝重叠度低的号来试试
互推	涨粉1 200	参与1次互推	2018.3.31	

图 7-4　公众号关注目标

接下来我结合 2018 年运营公众号"程序视界"关注量达到 45 000 这件事情来演示如何使用复盘饼图进行复盘。

第 1 步，目标回顾，要回答复盘饼图列出的 3 个问题。

1. 目标是什么？

我们从图 7-4 可以知道，目标是"2018 年公众号'程序视界'关注量达到 45 000"。

2. 何时实现？

2018 年 12 月 31 日。

3. 衡量指标有哪些？

只有一个，公众号总关注数达到 45 000。

第 2 步，现状梳理，回答复盘饼图中列出的 4 个问题。

1. 现在做到什么程度？（评估各指标完成情况）

到 2018 年 12 月 31 日，公众号"程序视界"总关注数 37 899 人。

2. 延期还是提前？

指标未能在 2018 年年底实现，属于延期。

3. 有哪些未预计的结果出现？

互推文遭遇很多关注者吐槽。

放弃了公众号互推。

对优化标题和选题产生厌恶，放弃这两种可以增加阅读的措施。

4. 有哪些预计过但未出现的情况？

预计每次互推可以增加 1 200 的关注量，但第 1 次互推带来的新增关注数只有 600 左右，远远低于预期。

预计全年可以写出 10 篇分享人数在 100 以上的文章，带来 3 000 左右关注量，结果只写出 4 篇。

第 3 步，分析反思。

这个步骤列出了 8 个问题，一一回答。

1. 结果和目标的差距有多大？设置目标的依据变化了吗？

原定增加关注数 16 070，实际增加 8 969，结果和目标相差 7 101，完成原定指标的 55.81%。设置目标的依据没有发生变化。

2.哪些事情做得好？好在哪里？有哪些因素使得这些事情做得好？其中哪些是可控因素，哪些是不可控因素？这些事情在什么条件下可以重复？

做得比较好的事情有 3 件，我挑 1 件来分析。

1）2018 年 5 月 14 日发布的文章《我们都一样，不甘平凡又害怕努力》，读者反响强烈，32 人留言，发布几天后，获得了 18 个公众号的转载。

好在哪里？这篇文章标题带有情绪，容易引起共鸣。内容是我个人经历的自述，有温度。

关键因素：a.勇于剖析和暴露自己，用述说经历和故事的方式呈现，使得这篇文章与我以往偏分析偏逻辑、较冷硬的文章迥然不同；b.读者乐意看到他所关注的人的私密信息和经历。其中第 1 个因素可控，第 2 个不可控，因为很难知道读者关注哪一类个人信息以及关注程度如何。

可重复条件：a.讲述个人经历；b.经历看起来是可以发生在读者身上的；c.用故事化、带温度的方式讲述经历；d.让自己的故事和读者产生关联，使读者有代入感。

2）每周六推荐一本书栏目有一批固定读者，荐书文阅读量虽低，却经常获得打赏。

3）有问有答栏目，阅读量比一般原创文章要高。

3.哪些事情做得坏？坏在哪里？哪些因素导致了坏结果？其中哪些是可控因素，哪些是不可控因素？如何避免类似的事情再出现坏的结果？

比较坏的事情有两件：①放弃了互推；②没有坚持从读者价值角度写文章。我选第 2 件来分析一下。

不从读者价值角度来写文章，其坏处在于，人会陷入"自嗨"的陷阱里，自说自话，还觉得文章都是从自己内心流出的，很有价值。

导致自己放弃从读者需要出发来写文章的原因有：①心理上拒绝迎合读者；②没有掌握洞察读者需求的方法，觉得较难；③调试自己的写作方式去匹配读者口味，需要刻意练习，有很大挑战。这 3 种因素其实都是可控的，只是我被自己心中"应该由我来决定什么内容有价值"的错误观念给控制了，放弃了改变。

想要避免这类事情的发生，需要先通过调研、访谈、数据分析等看到读者眼中什么内容有价值，然后与自己的观念对比，凸显认知偏差，让自己看到现实，然后再制订一些练习方法和衡量指标，持续去做，定期复盘。

4. 我的行动符合这件事的一般规律吗？

我的行动并不符合运营公众号的一般规律，因为我放弃了运营公众号常见的、最有效的发展用户的方式（参考第5章生涯人物访谈一节对"纯洁的微笑"的访谈）。

5. 哪个节点的失败导致了后续的失败？

2月份互推结果不如预期，导致放弃了后续互推。

6. 哪个节点的成功导致了后续的成功？

没有明显的成功。

7. 我获得了什么成长？（可以从知识、技能、经历、经验、见识、资源等方面来看）

最重要的成长：①意识到公众号文章要考虑读者阅读的环境、习惯、吸收方式和反馈回路，并有意开始尝试；②开始考虑自媒体商业化手段和个人观念之间冲突的解决之道。

8. 我遇到了什么关键困难？

我遇到的关键困难有两个：①互推等发展公众号关注数的方法与自己持有的观念冲突，遇到阻力便会选择维护已有观念，为避免认知失调而选择放弃；②不认同为了阅读和分享而刻意练习，这使得我的公众号文章写作一直停留在自说自话的层面，没有从读者角度考虑。

第4步，未来方向。

在分析反思之后，接下来就要考虑未来的方向在哪里。未来的方向通常有3个分岔。

1. 方向不变，调整策略。

2. 放弃所做之事。

3. 维持现有策略，继续前进。

对我的公众号"程序视界"的运营这件事来讲，我的选择是调整现有策略，新策略如下。

（1）选择相互转发精彩原创文章的方式来相互推荐。

（2）优化选题，从对读者是否有价值的角度出发来撰写文章，让读者愿意分享。

如你所见，复盘饼图提供了一个简便易行的框架，降低了复盘的难度，使得复盘这件事更容易被执行。如果你没有复盘经验，可以先严格按照它的流程步骤和问题清单来做，熟练之后，可以根据复盘的复杂度，适当调整步骤或删减问题。

接下来请大家挑一件自己的事情，应用复盘饼图，参考我上面的演示，来完成自己的复盘练习。

第 *8* 章

理财：

打理你的收入，让钱生钱

我们有工作收入，还通过 SEGAR 模型创造了各种副业收入，经济宽裕了，生活开支没有问题了，财务自信也有了，是不是就应该满足了呢？

不！

这些收入，还应该给我们带来新的收入，而且是被动收入。唯其如此，我们才能更为自由——当我们即便不工作时也能有源源不断的收入进账，我们才能更为从容，才会感受到更大的自由，才能尽可能多地拒绝自己不想做的事，才能尽可能多地做自己喜欢的事。

所以，我特地邀请了我的家庭理财顾问程涛老师撰写本章，为我们讲解如何更好地花钱，如何保护我们的财富，如何让我们的财富增值。

（本章节内容由程涛老师撰写。）

家庭财富管理金字塔

不管是单身一个人，还是祖孙三代同堂，家庭都是社会最基本的经济单位。要想成为这个经济单位合格的 CFO（首席财务官），你必须花心血、按章法来规划与管理自己家庭的理财和投资，方能使得家庭遇乱而稳、生活品质得以保证、主业副业收入用在实处、家庭资产保值增值。

很多人有错误的观念："我家没啥钱，还理什么财呀？"或者："我是月光族，挣的都不够花，咋理财？"

其实，这是把理财和投资混为一谈了。实际上，理财包括投资但不限于投资——不仅仅钱生钱是理财，合理规划支出也是理财。

比如你真的会买保险吗？你知道自己家买房月供和收入的最佳平衡点吗？这都是理财的范畴。合理安排支出，用结余资金合理地做升值项目，都是家庭CFO的工作与挑战。

家庭CFO心中要有这么一张图，如图8-1所示。

图8-1　家庭财富管理金字塔

先谈谈家庭生活的财务基石

金字塔是从底座开始，一层一层建起来的。家庭财产的金字塔，也是要首先满足底层需求，然后才能向上去拓展你家庭的理财事业，必须正着来，不能反着来。换句话说，你得有饭吃，才能考虑拿更多的钱去投资。不能说我今天听别人说楼市行情如何好、或者看中一套房觉得机会特别难得，我就不管不顾先买下。再或者听到什么内幕消息，某只股票会大涨，就把全部现金砸进去，甚至大举融资（从证券公司借钱）买入，但你想没想过——下个月你吃啥？

这不是开玩笑，因为现实中就有这样的人。

我的一个朋友就觉得买房子最能增值，拼命地去做房产投资，一套一套地去按揭，最后发现连下个月饭钱都没有了。然后通过拆借、到朋友家蹭饭的方式艰难地活着。这又何必呢？这位朋友忘掉了一个根本的问题：为什么要理财？看起来他是拿到了4套房，固定资产貌似增加了不少，但请问下顿饭在哪里都没有解决，数字财产又有什么意义？

理财是为了更好的生活，生活被摧毁了的话，理财也就没有意义了。

如果是三世同堂的话，这个问题就更严重，因为你这样做导致的不是你一个人挨饿，是家人们都要挨饿，所以大家庭的CFO的首要职能，是要保证金字塔的最底层——全家生活质量的需求。因此我们必须从需求底层向上层来推，只有满足下层需求才能往上层走，绝对不能因为在投资层面看到了某一个机会而不顾底层生活需求。

再次强调，理财跟投资最大的不同在于，投资其实注重考虑的是怎么样高效率地用钱生钱；而理财，你首要考虑的是怎样把家庭收入进行合理规划，让支出更加合理，让家庭生活质量保持在较高的水准。

你会买保险吗？

在夯实底层刚性、筑牢自家生活基石之前，所有的CFO首先要做的就是检视自家财务漏洞。

要保证家庭财务不崩盘，首先不能有因灾致贫或者因病致穷的财务漏洞。如果说有这种漏洞存在，我们先要弥补这个漏洞。不能因为某个家庭成员得了大病，而造成连当下一日三餐的水平都要降低，如果出现这种情况，你做CFO就算很失败了。

弥补漏洞的解决方案，就是完整地做好家庭成员的"社保＋商业保险"的组合规划。我们说衡量一个家庭CFO是否合格，第1个标准就是会不会买保险。

会不会给家人配备社保？会不会投保适合的商业保险？这是你作为家庭CFO必须做好的第1个功课。

先说社保。目前我们参加的国家社会保障大体主要分为了三个体系：城镇职工社保、城镇居民基本医疗保险、新型农村合作医疗（简称新农合）。

城镇职工社保包含养老和医疗两个方面。正常在单位上班的人，一般单位都会为其缴纳城镇职工社保——即养老保险、医疗保险、生育保险、失业保险和工伤保险，其中最重要的是养老保险和医疗保险。社保养老保险部分规定，缴够15年（中间如果换单位，可以停、可以续），退休后可以每月拿退休金；

社保医疗保险部分是要缴够 25 年，缴费期间和期满后能保证按较高的比例报销住院医疗费用。职工社保带有一定的强制性，现在已逐步交由单位所在税务部门强制代收。基本上只要在正规单位坚持上班，你就可以得到基本的养老和医疗保障。

如果没有在单位上班，比如儿童或者自由职业者，则可以去社区办理城镇居民基本医疗保险，一年缴费 180 ~ 220 元，不能间断。城镇居民基本医疗保险住院报销比例相比城镇职工医保要低，根据就医医院级别，住院费用报销比例为 5% ~ 65%。城镇居民基本医疗保险的优点是缴费成本比较低，虽然报销比例较低，但真要有大的医疗支出，也能给家庭减轻一些负担。

农村的此类医疗保险就叫新农合。

社保属于国家的国民普惠保障，强调的是普遍覆盖和保底福利。

作为家里的 CFO，当然要对家庭成员的社保情况心中有数，并积极地把所有家庭成员都纳到国家普惠的社保里面去。这是做好家庭 CFO 的第 1 件事。

但是光健全家人的社保是不够的。比如儿童或者来自农村的老人，只有城镇居民基本医保和新农合的保障，生病住院只能享受 50% ~ 65% 的报销比例。如果大病住院花 50 万元，自费部分还有 20 多万元要负担！这也是家庭财务很大的一个窟窿。这就需要投保商业保险来弥补。

说到商业保险，很多朋友会很头疼，感觉既真实需要，又有太多的坑。我们听了太多商业保险推销员的忽悠，所以自己一定要厘清关于商业保险的几件事情。

第 1 件事情，商业保险最重要的功能是保障，而非理财，更非投资，所以不要过多购买，过多购买没有意义。

对于老百姓来讲，保险最重要的两项保障功能就是养老和医疗，其对应的保险项目就是寿险和医疗险。

先说养老。单位替你投了社保，但养老金标准还是较低，比如就西安来讲，就算是交够了 15 年的社保，大多数人最后的退休金也就是每月 2000 ~ 3000 多元的标准。这就体现了买商业养老保险的意义——贴补养老金。这一部分的投保，你可以倒算一下，希望退休以后每月增加多少养老金，就根据保险公司寿险养老金的保险费率表，投保相应份额的保费。保费的金额与年龄成正比，越年轻每年缴纳的保费越少，所以我们要趁早投保。

再说住院医疗。城镇职工医疗保险需要缴纳25年，虽然缴费时间长，但保障还是不错的——缴费期就有医疗保障，每月还有医药费打到自己的医保卡，可以支付买药或门诊费用；只要在医保范围内的公立医院住院就医，个人只需负担10%～15%的医疗费。但如果你缴纳的是城镇居民基本医疗保险，那可能有50%住院费是要自付的，这样负担就很重了。这时候你需要投保商业医疗保险，提高住院的报销比例。其实商业医疗保险每年缴费很低，最低只需几百元而已，只是各保险公司一般将其归入附加险，不单卖，需要配合主险来购买，比如必须先买养老险、重疾险等。当然这些险种也是需要的，我们刚好按需一并解决。

记住，保险不是理财，购买这些保险项目并不是为了分红。保险也不是越多越好，如住院医疗险不是买多份就可以报销多份，它只能在住院实际支出金额范围内报销，这是大家要注意的。通常我们只买需要份额的养老险，再附加一份住院医疗险，方案基本就完备了。

第2件事情，保险首要保够大人，其次才考虑买孩子的保险。

有一个单亲妈妈是开茶馆的，她老公得了癌症，去世得早。她的身体也不好，打拼得很辛苦，而且她一直觉得自己收入虽高但非常不稳定，很焦虑。于是这位妈妈每年花10多万元给11岁的儿子买保险，其中很大部分是重疾险。

重疾险是这两年保险公司极力推销的险种，保障很高，动辄上百万元保额；当然投保人每年的缴费也很高，所以保险公司、保险业务员的营销动力很大。重疾险的设定是这样的：如果参保者不幸得了保单约定的100种重大疾病，甚至不治之症，一旦确诊，立即给付高额保费。

我问这位妈妈：你希望通过孩子得绝症而得到几百万元吗？她说当然不会！没有家长会这样！我说，那你买错了。

没有家长会希望因为孩子得绝症而获利。这是肯定的。

这位妈妈每年花这么多钱买保险，为什么？是因为害怕自己万一出意外或生大病，孩子没有保障。所以她不是不能买重疾险，而是买错人了。正确的操作是她把大量的保险资金投给自己，而把受益人写成孩子，这样才能给孩子留下一个保障。

从家庭的角度来讲，成年人是经济的顶梁柱，而孩子不是。所以如果你想通过保险保障孩子的生活的话，实际上应该是把大资金花到自己身上。这跟大家的普遍观念是相左的。大家会觉得我要把钱多花到孩子身上。其他消费是可以这样考虑，但对保险而言，这是一个误区。

我们继续来分析这位单亲妈妈的案例，实际上母子俩一年大约投保 2 万元就够了。

孩子的保险主要在于他可能需要的住院医疗报销。在办理了城镇居民医保之后，其实他的商业医保很便宜，再花几百元就可以全面覆盖住院花费。只是他需要购买约 1000 ～ 2000 元的主险才能买住院医疗险（附加险）和住院补助险（也属附加险）。那么这位妈妈可以给孩子买个终身寿险做主险，顺便把孩子退休以后的养老金标准也提高了。经计算，孩子的保险方案其实一年大概不到 3 000 元就够了。

妈妈这部分呢，其实她一直在人才中心缴纳城镇职工社保。城镇职工医疗保险已经覆盖了她未来可能的住院医疗费用。心里不踏实的话，她每年再花一万多元给自己买几份重疾险就可以了，一旦她不幸得了癌症等重大疾病，也能给孩子留 100 多万元的保险补偿，加上房子、现金，其实孩子的生活还是有保障的，不需要那么焦虑。

所以在家庭保险规划中，首先要充分考虑满足成人的保障需求；而孩子的保险主要在于寿险和住院医疗保障，投保保障性保险就可以了。

再次强调，保险不是增值工具，而是保障工具，大家没必要对其进行非常大的投入，适度就好。

菜钱也要打理好

社保、商业保险配置齐全，财务漏洞补好了。CFO 们可以做下一步的财务安排了——生活金及储备金的安排。

CFO 们要通过记账，对自己的家庭生活财务支出水平进行评估，也就是算清在保证我们现有生活水准的情况下，每个月的生活必需支出是多少？

接下来 CFO 要在此基础上乘以 6，设立家庭生活储备金。

比如一家 3 口人的日常开销，在不用支付房贷按揭款的情况下，可能每月 5 000 元就够了；有房贷的话可能需要每月 1 万元以上开销。再乘以 6 个月，差不多 3 万~6 万元的资金储备，就是你家半年的生活保障。

这些钱是不能随便挪用或是做任何投资的。

投资有个时段问题，不一定马上就必须拿出来用，但是生活中可能马上就要交物业费、学费，马上就要买米、买面、买菜等，所以这部分钱必须是能够随取随用的。

当然，虽然要随取随用，但也不是说一定要放到银行活期存款。活期存款的话，不但不能赚取利息，还怕别人盗刷，所以这笔钱我们也可以用来做一些小的理财。

比如说，我们可以用大家最常用的宝宝类互联网理财工具产品，如支付宝上的余额宝、微信上的零钱通等，它们本质上是货币基金，基本上可以做到随用随出，收益也基本上相当于银行的定期收益。

顺便说一下，基金是一个极其庞大的财务工具，庞大到什么程度？中国沪深两市一共有 3 000 多只股票，而市面上的公募基金有 5 000 多只。这 5 000 多只基金风险从小到大包括货币基金、债券基金、债券基金加股票基金构成的混合基金、股票基金、大宗商品基金等。

维持家庭运转的生活金和储备金，要无风险、要随取随用，还要有点增值收益，最合适的就是基金中最稳当又最灵活的品种——互联网宝宝类货币基金。

再说家庭资产的保值增值

家庭小类资产的保值增值

家庭成员的保险完备了，家庭生活储备金也安排好了，开始进入家庭资产积累增长阶段——有钱先存上，以小滚大。

家庭资产最开始的以小滚大，有些朋友妄想靠每月各项乱七八糟的支出之后，能够有钱积存来实现。但这些朋友常常会发现，不但花钱没花爽，抠抠搜搜一个月，月底竟然也没留下一分半毛。自我谴责以后，下个月底还是这样，循环往复。

其实，除了家庭成员共同努力提高各自收入之外，资产要想有所积存还是需要有技巧的，那就是"前置储蓄"——即每月先存钱再消费。比如家庭总收入1万元，那在每月发工资第2天先存1 000元（可以用定投货币基金的方式设定银行定时代扣），你就当总收入是9 000元，然后放心花钱（反正花钱是个无底洞，多挣多花、少挣少花），这样就算月底吃光花净，每个月1 000元是存下来了。别看每个月只有1 000元，3年下来连本带息也接近4万元了，全家可以亚洲一国游、或者两口子去趟欧洲了！有了成果，以后你前置储蓄的动力也足了。

技巧变成习惯之后，这若干个3万元就是家庭资产"钱生钱"的起点。由于这部分资金量还比较小，可以称之为家庭小资产。这部分只是家庭财富的起步，是逐步积累的资产，我们需要做的是保值增值，不可冒进。接下来跟大家分享一下这个阶段的几个保值增值工具。

第1个理财工具是国债。因为有国家背书，国债可以理解为风险非常小的理财品种，收益也比银行储蓄高不少。老人家比较认可国债，年轻人不爱买国债，可能是觉得国债太老土，而且也没时间去抢。事实上，每月10日国债发行半个小时内就卖光了，所以上班的白领们基本抢不到。

其实现在的国债品种也在创新，比如电子储蓄国债就是一个很好的品种。之前的国债一般是指凭证式国债，就是到柜台上去办一张国债存单，3年或5年到期后连本带息取出。凭证式国债一般放在单月10日发行。而央行会在双月发行电子储蓄国债，很适合年轻人：首先，电子储蓄国债可以多渠道购买，不一定要去银行，在网银上就可以买；其次，最重要的是，电子储蓄国债不是到期付息，是按年付息。比如说5年期电子储蓄国债现在是年息4.27%。那么在5年内的每年购买月10日，就把4.27%利息打给储户了。

这种付息方式很像房租年付。所以电子储蓄国债是一个房产投资者在楼市

副业赚钱之道 从0到1打造多元化收入

不好时的替代品。且国债相对买房出租，还有不会断租、不用装修的优势。另外，电子储蓄国债还可以复利操作，即每年4.27%的利息拿到后再去投资，利滚利，肯定比传统的5年凭证国债到期一次还本付息收益要高不少。

一个小贴士：电子储蓄国债原则上在每年的4月到10月的双月10日发售，卖得非常快，所以不建议去国有五大行购买，那儿的需求量大，往往迅速清光；可以到小一点的股份制银行，或所在城市城商行的网银上去下单，买到的概率会大很多。

万一买不到国债怎么办？我给大家介绍第2个理财工具——纯债基金。纯债基金其实也很好理解：专门投资债券的基金。它主要投资于国债、地方债、企业债、可转债等，安全度比较高，流动性也比较好，基本上可以随时买卖。

当然纯债基金比余额宝之类的麻烦一点，是需要一个赎回期，3个工作日左右。纯债基金特别适合用作以时间换空间的家庭长线理财项目，比如说用纯债基金定投的方式来做孩子的教育储备金。

比如你在孩子刚满月的时候给他做一个每月500元钱的基金定投，就用纯债基金。你可以在工资卡上一次性设定每月的扣款时间、金额。银行每月会自动在约定日从你的工资卡上扣500元，买成纯债基金份额。注意在分红方式上要选择"分红再投资"，就可以让基金每年给你的分红再变成基金份额，做到利滚利。

选择最好的纯债基金品种，收益可以做到年化8%以上，加上复利效应，再放到18年这个投资维度来计算，每月仅投500元，到孩子18岁时就会有241 643.35元本息（按每月500元，8%年化收益，每年一次分红转投资来计算）给孩子做教育金。当然工资提高的话，每月可提到定设1 000～2 000元更好。只要你能坚持。孩子留学就不用卖房了。

基金的选择，可以参考晨星星级排名和天天基金网的时间收益排行榜，如图8-2、图8-3所示。

	代码	基金名称	基金分类	▼晨星评级 （三年）
1	001776	中欧兴利债券	纯债基金	★★★★★
2	001578	博时裕瑞纯债债券	纯债基金	★★★★★
3	002549	嘉实稳祥纯债债券A	纯债基金	★★★★★
4	000419	摩根士丹利华鑫优质信价纯债债券A	纯债基金	★★★★★
5	002341	招商招瑞纯债债券A	纯债基金	★★★★★
6	002486	上银慧添利债券	纯债基金	★★★★★
7	000420	摩根士丹利华鑫优质信价纯债债券C	纯债基金	★★★★★
8	000187	华泰柏瑞丰盛纯债债券A	纯债基金	★★★★★
9	000186	华泰柏瑞季季红债券	纯债基金	★★★★★
10	002438	创金合信尊盛纯债债券	纯债基金	★★★★★

图 8-2　晨星星级榜（2019 年 5 月 1 日）

分类：全部　**长期纯债**　短期纯债　混合债基　定期开放债券　可转债　≫ 定开债开放日一览
杠杆比例 ⚙：**全部**　0-100%　100%-150%　150%-200%　200%以上

比较	序号	基金代码	基金简称	日期	单位净值	累计净值	日增长率	近1周	近1月	近3月	近6月	近1年▼
	1	004400	金信民兴债券	04-30	1.6683	1.9883	0.04%	0.05%	-0.36%	-0.01%	1.32%	98.35%
	2	004957	中银证券安誉	04-30	1.8665	1.9015	0.01%	-0.01%	-0.07%	0.36%	1.32%	89.74%
	3	003349	长信稳益纯债	04-30	1.1606	1.2786	0.02%	0.01%	-0.39%	-0.14%	4.28%	21.60%
	4	004401	金信民兴债券	04-30	1.1670	1.1670	0.03%	0.03%	-0.34%	-0.03%	1.20%	16.29%
	5	003407	景顺长城景泰	04-30	1.1684	1.2234	0.04%	0.03%	-0.43%	-0.14%	2.17%	16.27%
	6	003408	景顺长城景泰	04-30	1.1574	1.2124	0.04%	0.02%	-0.46%	-0.24%	1.96%	15.82%
	7	003425	江信添福A	04-30	1.0989	1.1089	0.05%	0.20%	0.22%	9.08%	9.19%	11.56%
	8	005159	华泰保兴嘉合	04-30	1.1425	1.1425	0.10%	-0.31%	-0.36%	3.17%	8.08%	11.03%
	9	005160	华泰保兴嘉合	04-30	1.1394	1.1394	0.10%	-0.31%	-0.36%	3.14%	8.00%	10.83%
	10	000239	华安年年盈定	04-30	1.0360	1.1490	0.00%	0.19%	0.57%	3.31%	6.00%	10.61%
	11	675111	西部利得汇享	04-30	1.1579	1.1579	0.04%	0.08%	0.16%	3.54%	6.60%	10.35%
	12	000240	华安年年盈定	04-30	1.0330	1.1350	0.00%	0.10%	0.47%	3.22%	5.86%	10.25%
	13	675113	西部利得汇享	04-30	1.1522	1.1522	0.04%	0.08%	0.13%	3.44%	6.43%	10.10%
	14	206018	鹏华产业债	04-30	1.1300	1.4580	0.18%	-0.44%	-0.68%	2.69%	5.95%	9.67%
	15	005467	华泰紫金智盈	04-30	1.0993	1.0993	0.01%	0.01%	0.24%	1.00%	2.85%	9.52%

图 8-3　天天基金网收益排行（2019 年 5 月 1 日）

　　经常有银行理财经理背死书，会跟你讲：你不要用纯债基金做定投，他们
波动太小；你最好用股票基金做定投，因为定投会"熨平"风险。

我会追问他一句，我给我孩子买的理财产品，一分钱风险都不想担，我为什么要熨平风险？

给孩子做的理财，我希望它永远增长，快慢不管，只要它增长即可。所以我会建议用纯债基金定投，用时间换取稳定增长的增值空间，正是纯债基金的长处。

要保值增值的，还有父母这辈的养老钱。这部分建议大家用低风险级别的银行大额存单和银行理财这两种工具来打理，因为他们的理财需求点是利息最大化。

比如说父辈们好不容易攒了30万元，不希望有风险，还要有较好的收益，又觉得5年期国债时间太长，那大额存单和低风险级别银行理财就很适合他们。银行大额存单的门槛通常是20万元。大额存单受存款保险保障每人在银行50万元以内的存款由保险公司全额赔付，所以安全度非常高。由于银保监会适度放开了各个银行在大额存单项目上的利率市场化竞争，小银行会做到规定利率上浮50%的利息水平，这样，有些银行的大额存单利息年化收益可以达到4%以上，这已经远远超过国家规定的一年期定期储蓄利息标准了。需要注意的是，大额存单是定期，流动性差，提前支取利息损失很大。

另外，银行理财的种类也非常多，建议大家做R2以下风险等级的银行理财（关于银行理财产品的风险级别，理财经理们会如实相告，绝不敢隐瞒）。此类银行理财产品目前的年化收益大约是4%～4.5%，基本上跟国债的利息相近，目前1万元起的购买门槛不算高；投资期基本上是90天、180天、360天等，比国债期限短很多。虽然它也是定期，不能提前支取，但是可以错期购买，比如拿10万元买上90天期，到下个月再买10万元，再下个月再买10万元，这时候30万元就相当于每个月也就都有到期的了，这样操作可以保证中短期用钱的灵活性。

家庭大类资产的保值增值

通过家庭CFO精心的财务规划，家庭成员一分一厘地挣钱，同时进行资金积累和理财滚存，有一天，家庭的可支配现金终于上了50万元。那么，就要开始考虑做大资产投资项目了。

大宗家庭资产配置，依然首先建议买房。在中国，房子真的永远都可以考虑买。

买房首先满足自住需求，然后满足投资需求。买自己的房子，是很多刚走向社会的年轻朋友的第 1 个财富梦想。然而，很多年轻朋友买房自住时存在误区，总想着能一步到位，结果常常掏空了父母，累死了自己；还有好多朋友错过了买得起的机会。其实房子哪有什么一步到位……现在快速变化的社会中，你怎么知道自己以后的工作、城市、婚姻不变动？所以，建议大家 50 岁以后再考虑定居长住的房子吧。年轻时只要碰到价格合适、首付轻松、便利性较好、够住的房，就赶紧买定"上车"。腾出手来去忙更有意义的事吧！

3 点重要的理财提示

孩子的教育定投要坚持，中途不要挪用！

孩子的教育定投要坚持，中间不要挪用。孩子满月开始做基金定投，你希望在他 18 岁的时候用到这一大笔教育金。你中途挪用了，一个后果是定投利滚利的规划中断了；二是你动它一回，就有可能挪用第 2 回、第 3 回，很难坚持到最后，那么就失去了时间换空间的意义。所以最好就把教育金定投这件事忘了，听凭每月银行自动扣款、每年分红自动转投资就好。

孩子的教育金定投、白领们自己的养老金定投，都需要这样操作。到了孩子 18 岁，或者自己 60 岁，这个定投计划瓜熟蒂落，你有几十万元可用，才是真的开心。除非你或你的家庭真的是遭遇了火烧眉毛、需要救急、救命的事情，否则这类资金坚决不能动。

财富管理自下而上，先求稳，再搏快速增值！

需要再三强调的是，家庭资金配置首先满足了下端需求，资金才能向上端流动，反之则不要。比如之前提到的按揭多套房产的例子，就是典型的还没满足基础生活的财务需求，就盲目提升投资部分的份额。我们必须让家庭资金蓄水池里保持每月刚性支出乘以 6 的钱数，才能向上开拓理财投资项目。切忌靠盲目按揭撬动资金杠杆，梦想快速实现财务自由，那很有可能使你沦为债务奴隶。

慎用手机管理财富，免遭重大损失！

手机上 App 不要捆绑家庭的主要财富账户，重要的理财操作也不要在手机上进行。

不要在手机支付上捆绑家庭主要财富。你的工资卡不要绑在手机微信、支付宝上；你家最重要的资产账户，也不要捆绑在手机微信、支付宝上。其实生活中并没有多少特别着急的大额支付，需要马上支付出去。即使日常开支里比较大的一笔钱，如买机票、订酒店，也怎么都来得及回家在电脑上解决。

大多数朋友将重要账户捆绑在手机上，主要是图方便。

有人觉得银行网银挺安全的，大平台像支付宝、微信支付，怎么可能不安全呢？但即使它们是安全的，你手机的丢失概率却是很高的！手机到了"专业人士"手里，并不难破解。更何况很多朋友打开手机后，微信、支付宝的支付界面根本就不安全退出，开机就能刷钱！

一个白领妈妈想在手机淘宝上给孩子买双鞋，怎样都无法支付成功，"店主"就给了个链接，她想都没想就打开链接进行支付，结果半分钟时间里她的钱一笔一笔地共被转走了 49 999 元，其实这就是个老骗局。但人们往往急于抓住某个优惠或者仅仅是着急把这个小事办完，结果疏忽大意、损失巨大。这不仅仅是钱的损失，有的人事后往往还会严重怀疑自己的智商，对自己全盘否定。所以我们不妨被动预防一下——建议大家在支付宝和微信支付上，只捆绑不常用的储蓄卡或授信额度小的信用卡，即使产生损失，也是可控、可承受的。

第 *9* 章

进阶：

统合职场、副业、理财，
打造扇形收入

在相对稳定的职场，我们得以通过工作培养能力，创造价值，获得收入，满足生活需要。但这种工作收入，必须通过劳动才能获得，而且，一般还得在"固定时间全职工作，不仅有长距离通勤、打卡、加班、请假、定期被绩效评估等各种限制，还很容易遭遇收入顶、晋升顶和价值顶，工作发展遇到瓶颈，整个人进入倦怠。

渴望破局的人会选择横出职场，斜跨一步，遵循 SEGAR 模型，创造各种斜杠事业，获取副业收入，重构收入结构。这样他们可以增强财务自信，提升自我掌控感，让自己更从容地面对工作和生活。

副业可能不止一种，像路桑、彭小六、纯洁的微笑，还有我，都基于自己的核心能力圈，实践出多种副业，创建了多种斜杠收入渠道。

有了职场、副业等各种收入，事情还没完，我们还要合理规划支出，用社保、商保堵住各种可能带来"灭顶之灾"的漏洞，进一步用国债、基金、房产等创造"下金蛋的鹅"，让钱生钱，使得我们不用劳动（或者只需很少劳动）也能有源源不断的收入。

当我们经历了以上过程，就会打造出一种特别的收入结构——扇形收入，如图 9-1 所示。

图 9-1　扇形收入示意图

基于对扇形收入结构本身及其打造过程的分析，我提出了一种扇形收入理论，它可以指导我们发展副业、重构自己的收入结构、打造自己想要的未来。接下来，我将结合自己的扇形收入图，详细介绍扇形收入理论、如何修炼扇形收入以及扇形收入工具的两种典型用法，最后还会给出书中几位副业达人和知识星球"副业赚钱"中几位星友的扇形收入图供大家参考，大家可以根据这些示例图，绘制自己的扇形收入图。

扇形收入理论

我基于自己的副业经历和图 9-1，做了进一步挖掘和拓展，绘制出了可以完整展示我的扇形收入的图，如图 9-2 所示。

图 9-2 安晓辉的扇形收入图

这张扇形收入图由 5 个重要模块组成，我做了序号标注，如图 9-3 所示。

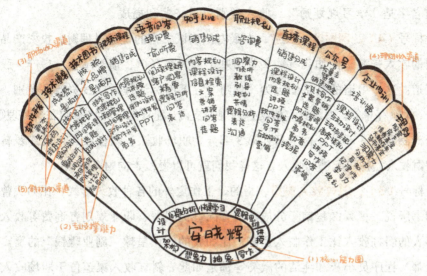

图 9-3　扇形收入图的五大模块

标号**（1）**，**核心能力圈**，即名字周围那部分，分成多格，每一格填写一种核心能力。所谓核心能力，指的是可以支撑多种价值服务形式的能力。比如我可以提供技术博客、技术图书、公众号、视频课程、企业内训等价值服务，依赖的核心能力是写作、设计、架构和讲授。

每个人的核心能力都不一样。核心能力是基于自己的各种实践而形成的。比如一个基于软件构建出扇形收入的人的核心能力可能是"软件开发、架构、程序设计、商务谈判"，一个基于PPT构建出扇形收入的人的核心能力可能是"PPT设计、审美"。

标号**（2）**，**专业支撑能力**，在核心能力圈外面一层，指的是通过提供某种价值服务创造某种收入渠道所必须具备的技能。比如要通过开发软件产品构建职场收入渠道，就得具备编码、程序设计、调试、需求分析等能力。比如要构建技术图书这种收入渠道，就得具备技术写作、内容规划、时间管理、软件开发等能力。

标号**（3）**，**职场收入渠道**，在最左侧扇区，一般讲是指你的工作带来的收入，比如程涛老师的工作是某广播电台财经主播，Qt侠的工作是安防领域某公司的软件开发工程师。职场收入渠道的写法，是上面写能够简要描述这个渠道的名字，通常是岗位名或职业名，下面标注收入类别。比如我的职场收入渠道，名字是"软件开发"，收入类别包括薪水和年终奖。换成本超，渠道名字是"学习规划师"，收入类别包括底薪和提成。

标号**（4），理财收入渠道**，在最右侧扇区，指的是通过理财、投资产品组合出的收入来源，比如我有购买货币基金、大额存单、债券基金、房产、股票等渠道。这个渠道的名字固定为"理财"，下面标注理财或投资产品类别，如基金、大额存单等。理财其实包括合理规划支出、配置保险封堵漏洞和购买理财、投资产品获益 3 部分，这里只列第 3 部分。职场收入、斜杠收入，最终要转化为理财收入，构建起被动收入，这样我们就可以慢慢走向财务自由。

标号**（5），斜杠收入渠道**，指的是工作之外的各种收入形式，比如我曾经有图书版税、视频课程销售分成、语音问答提问费、职业规划咨询费等收入。很多人的斜杠收入比工作收入还多，比如我的知识星球"副业赚钱"的嘉宾程涛老师、程序员小灰和纯洁的微笑等都是如此。斜杠收入渠道位于职场收入渠道和理财收入渠道之间，可能有一个，也可能有多个。比如 Qt 侠，他有一个斜杠收入渠道——销售 Qt 自定义控件；比如汤小小，她有两个斜杠收入渠道，一个是 PPT 设计，一个是新媒体美工设计。斜杠收入渠道的写法，与职场收入渠道类似，上面写可以简要描述这个渠道的名字，下面标注收入类别。比如我曾经使用分答（现在名为"在行一点"）构建过一个斜杠收入渠道，它的名字是"语音问答"，收入类别包括提问费、偷听费。再比如我使用微信公众号构建的斜杠收入渠道，名字就是"公众号"，收入类别包括广告、流量主、赞赏、销售佣金。

值得注意的是，在我们构建斜杠收入渠道的过程中，可能某些渠道并没有实质性的经济收益，而是只有精神收益，如成就感、影响力等，比如我的技术博客就是如此。这样的斜杠收入渠道，也可以绘制在扇形收入图上，因为它们可能是其他有经济收益的斜杠事业的基础，也可能是我们自我成长路上的必经阶段，非常重要。

现在，请停下来，取出一张 A4 白纸，参考图 9-3 和上面的文字描述，尝试绘制你自己的扇形收入图。一遍不行，可画两遍、三遍。注意，自己手绘扇形收入图，着色不是必须的，只要用简单的线条勾勒出结构，再填写各部分的文字即可。

综合来看，扇形收入有 3 大基本特征。

1. 一个核心能力圈支撑多个收入渠道。

2. 一个职场收入渠道，联动多个斜杠收入渠道。

3. 一个理财收入渠道，消除家庭财富风险，助力财务自由。

其基本含义是：**以核心能力为基础，打造多种价值服务形式，渐次构建出如同折扇的多个扇面一样的相互关联的收入渠道组合。**

拥有了扇形收入，职场人士就能摆脱"上班赚钱"这种单一收入结构，能增加财务自信，对自己的生活和工作，都会更有掌控感。

扇形收入的打造过程分为 4 大步骤。

1. 确立职场方向，在实践中思考，识别核心能力和资源。

2. 基于核心能力和资源，斜跨一步，创造第 1 种斜杠收入。

3. 基于职场和第 1 种斜杠事业，在合适的时机抓住新的机会，拓展新的斜杠收入。

4. 规划收入，管理家庭财富，构筑理财收入渠道。

接下来我结合自己的经历，详细介绍如何修炼扇形收入。

如何修炼扇形收入？

我的扇形收入打造过程

一般来讲，要想打造扇形收入，先得打造一个稳定的主业，构建起职场收入渠道，这也是我们常说的三十而立的第 1 立。比如我曾经的主业是软件开发工程师，比如程涛老师的主业是财经主播。（注意，主业可能是为一个组织服务，也可能是为自己工作。比如《只管去做》和《小强升职记》的作者邹小强老师，主业是时间管理。不过我们接下来的内容暂不涉及这种情况。）

立主业时，我们也可以使用第 3 章引入的五星分析法——它是一种通用的挖掘职业选项的方法，既能用来扫描副业选项，也可用于主业方向挖掘。比如我 2005 年选择成为一名软件开发工程师作为目标，最大的原因就是我从身边的人群中看到了这个机会。

立主业的过程，可能很快，也可能很慢。比如程涛老师的主业确定就很快：他一进广电，就没出来过，到现在干了 20 多年了。比如我，就相对慢一些，毕业先干了两年半售后技术支持，后来转型做软件开发，才算稳定在这份职业上，如图 9-4 所示。而还有的人，一年换三四回工作，年年换，五年八年都可能还没立起主业。

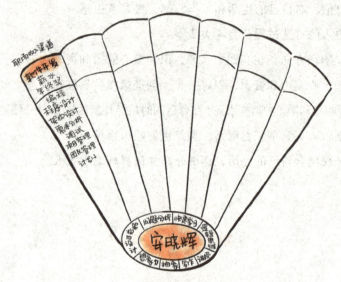

图 9-4　立主业

这里所谓的"立"，指的是能够胜任某一个领域的工作，获得稳定发展，并不是说你一定要出类拔萃，成为某领域的杰出人士，但也不能说仅仅是马马虎虎混日子，只求不被组织裁掉。因为我们立主业是为了发展自我和谋求稳定的生活支撑。你天天混日子，就不可能发展出较好的工作能力。

需要注意的是，我们在寻找主业时，并不一定具备它所需的专业能力，比如我找软件开发的工作时，没有编程、程序设计等能力，只有快速学习和问题分析这两种核心能力，是它们让我能够在短期内习得专业能力，获得组织认可。

主业立起来，各种能力就会慢慢发展起来，形成个人的能力组合。在个人能力组合中，有演讲、沟通、管理、游泳、写作、驾驶、PPT 设计等通用能力，也有编码、程序设计、视频剪辑、中央空调维修、硬件电路设计等专业能力。

　　　　　　　　　　副业赚钱之道　从 0 到 1 打造多元化收入

比如被我列入自己核心能力圈的讲授、架构与设计等能力，都是在我做了三四年软件开发工作后才培养出来的。

主业和核心能力是相互促进、协同发展的关系，而且核心能力圈是一个动态发展与调整的结构，会随着斜杠事业的发展而变化。

主业发展到了一定程度时，我们就可以考虑一个问题：哪些技能可以创造职场之外的价值服务。这个考虑的时间节点，可以参考3个顶——收入顶、晋升顶、价值顶。有一个顶出现或预判其很快会出现的，我们就可以开始考虑横出职场，创造斜杠事业了。（参看第2章讲的三花聚顶法）

比如我是在2013年由我负责的智能机顶盒产品陷入发展瓶颈时，开始考虑这个问题的。鉴于我有多年的软件开发经验，在 Qt 应用开发框架方面有深刻理解，又喜欢写作，我就组合软件开发和写作能力，开始持续撰写技术博客，走上了副业实践之路，开辟了我的第1个斜杠收入渠道，如图9-5所示。

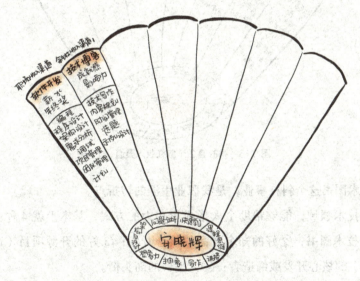

图 9-5　我的第 1 个斜杠收入渠道：技术博客

我写技术博客非常投入，虽然没什么收入，我还是把每天晚上、周末的时间（除去陪老婆孩子）都投到博客写作上去了，一周能更新三四篇。我能这么做，是因为以下几点原因。

①写文章本身让我有投入感和成就感。

②分享经验帮助他人满足了我"为人师"的强烈需求。

③读者的反馈让我觉得自己有价值。

④不断飙升的博客排名给予我动力。

到 2013 年年底，因为一篇名为"Qt on Android"的文章，电子工业出版社博文视点的高洪霞编辑找到我，商量图书写作的事情，我们俩一拍即合。我很快投到技术图书写作上来，开辟了第 2 个斜杠收入渠道，如图 9-6 所示。

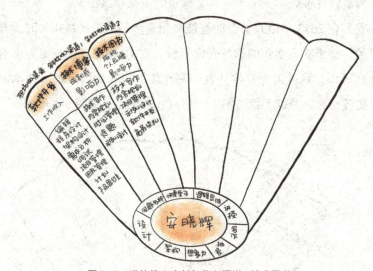

图 9-6　我的第 2 个斜杠收入渠道：技术图书

技术图书这个斜杠事业，是我职业生涯的转折点。

在技术领域，能够帮助个人形成影响力的方式，基本上就 4 种：①技术自媒体＋技术图书；②好的知名产品的核心开发；③好的开源项目（产品、开发框架等）的核心开发或缔造者；④大平台的高头衔。

我选择的方式是第 1 种。我从主动开始撰写技术博客开始，通过分享，慢慢建立了影响力，吸引了编辑关注，并开始写作技术图书。

出版了《Qt on Android 核心编程》和《Qt Quick 核心编程》后，我在 Qt 应用开发领域有了个人标签和较好的影响力，后面就自然而然地发生了很多事情：薪水几乎翻番的新工作、视频课程、企业内训等。

就这样，各个斜杠收入渠道就慢慢起来了，最终我的扇形收入图变成了图9-7的样子。

图 9-7　安晓辉的扇形收入图

从我的经验来看，扇形收入的打造有几个要点可供大家参考。

①结合职场中形成的核心资源（知识、技能、经历、人际关系等）来横跨一步，更容易开始。这点程涛老师也深有体会，他们单位有好多主播，每个月主业收入只有三五千元，但他们利用平台的光环，在外面做一些诸如艺术培训之类的事情，收入是主业的几倍甚至数十倍。

②从一个成功迈向另一个成功会更容易，因此，请努力塑造一个标签给自己。

③不要因为已经有光芒四射的他人在前面，就生出不切实际的打算，觉得自己必须"一步登天"，要看他人曾经走过的路和台阶，一步一步地学，慢慢来反倒比较快。

在写作本书之前我采访了近百位副业达人，发现每个人打造扇形收入的具体过程都有一些细节上的差别。所以我个人的经历，仅供参考，还是要请大家反观自身，使用本书提供的方法和工具，找到自己的起点，走出自己的路。

使用 SEGAR 模型构建扇形收入的流程

在我个人构建扇形收入的过程中，SEGAR 模型发挥了很大作用。职场收入渠道、斜杠收入渠道，都可以遵循 SEGAR 模型创造出来。因此，接下来我们介绍使用 SEGAR 模型构建扇形收入的过程。

第 1 步，基于核心能力圈，采用 SEGAR 模型，找到职场方向，使用各种行动方法，不断行动，持续复盘，立住主业。在确立主业的同时，我们就要学习理财，开始构建理财扇区，通过更好地规划消费、保险和投资，保障自己的生活，如图 9-8 所示。

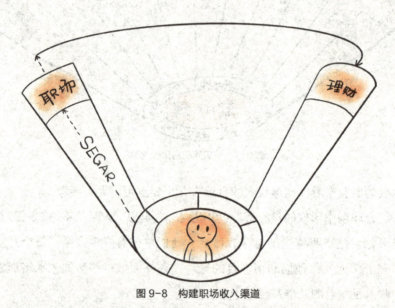

图 9-8　构建职场收入渠道

第 2 步，当主业获得稳定发展时，运用三花聚顶法判断自己的工作状况，在合适的时候运用 SEGAR 模型，找到第 1 个斜杠方向，使用各种行动方法，不断行动，持续复盘，铸就第 1 个斜杠收入渠道，如图 9-9 所示。

斜杠事业的收入，也要合理规划，走向理财扇区，唯其如此，理财收入渠道才能带给我们更好的保障，也才可能聚沙成塔，最终把我们带入财务自由之门。

第 3 步，运用三花聚顶法、预测未来、伙伴机制、有效反馈等方法，判断第 1 个斜杠收入渠道的未来前景，在合适的时候，运用 SEGAR 模型，发掘新的

　　　　　　　　　　副业赚钱之道　从 0 到 1 打造多元化收入

方向，采用各种行动方法，持续行动，不断复盘、调整，打造新的斜杠收入渠道，如图 9-10 所示。

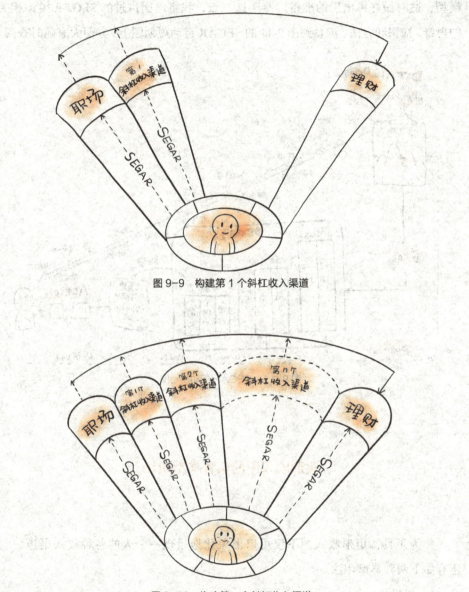

图 9-9　构建第 1 个斜杠收入渠道

图 9-10　构建第 n 个斜杠收入渠道

斜杠收入渠道可能会因为它所处的行业领域的衰败而走向末路，也可能因为我们个人目标的调整而变得不再被需要，还可能因为精力不济而被主动放弃。
总之，斜杠收入渠道和扇形收入具备动态调整和发展的特点，我们要善用SEGAR
模型，适时做好再出发的准备。鉴于这一点，我将前面讲过的SEGAR模型相关
的思维、知识和方法，汇总到图9-11的SEGAR行动规划图上，方便大家随时查阅。

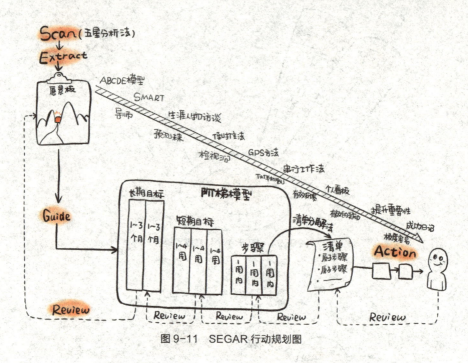

图9-11　SEGAR行动规划图

扇形收入图的两种典型用法

作为工具，扇形收入图不仅可以形象化地呈现一个人的各种收入渠道，它
还有如下两种典型用法。

- 挖掘核心能力。
- 规划新的收入结构。

我们一个一个来说。

4 步挖掘核心能力

要想更好地发展，必须知道自己的能力边界和陷阱，清楚自己的关键能力组合，只有这样，才能慢慢抵达"在喜欢的领域用擅长的技能做有意义感和有成就感的事情"这种美好状态。但我们很难自省自知，很多时候并不清楚自己的核心能力是什么，所以我们需要借助扇形收入图这个工具来分析、挖掘，该分析过程具体分为 4 个步骤，我们以 Qt 侠为例来简要说一下。

第 1 步，分析职场。

用一个短语概括你的工作是什么，把它写在扇形收入图的职场收入渠道那里。比如 Qt 侠的工作是"软件开发"，如图 9-12 所示，程涛老师的工作是"财经主播"，玉小姐的工作是"高中英语老师"。

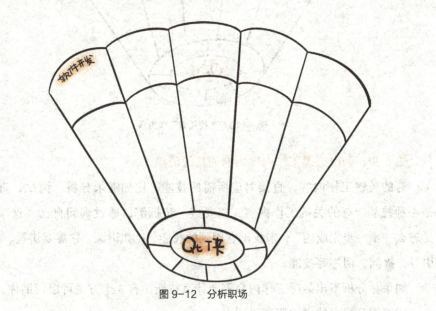

图 9-12　分析职场

第 2 步，寻找关键工作内容。

关键工作内容，指的是那些不做就说明这个人与这个职位不匹配的内容。比如对软件开发工程师来讲，需求分析、程序设计、编写代码、调试等，就属于这类内容；比如对于高中英语老师来说，备课、讲课、批改作业等，就属于这类内容。

如果你不清楚自己的岗位有哪些具体的工作内容，有两个方法可以帮助你。①查阅公司内的岗位职责说明书；②到招聘网站上，检索与你所在岗位类似的招聘信息，查看其中的"岗位职责"或"工作职责"一栏。

　　接下来需要你把找到的关键工作内容，写在扇形收入图上，如图9-13所示。

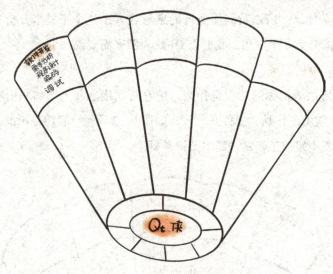

图9-13　寻找关键工作内容

第3步，列出关键工作内容所需的技能清单。

　　有的关键工作内容，直接对应所需的技能，比如需求分析、调试，直接就是一种技能。有的关键工作内容，需要进一步拆解，通过询问自己"这项内容是怎么一步一步完成的"，来找出它用到的技能，比如讲课，它需要讲授、观察、引导、提问、回答等技能。

　　如果你分析不出某项工作内容需要什么技能，有3个方法可以帮助你。

　　①查阅公司内的岗位职责说明书；

　　②到招聘网站上，检索与你所在岗位类似的招聘信息，查看其中的"任职要求"一栏；

　　③问问公司的前辈。

　　现在请你逐一分析你的关键工作内容，找到它们需要用到的技能，填入扇形收入图专业支撑能力那一栏，如图9-14所示。

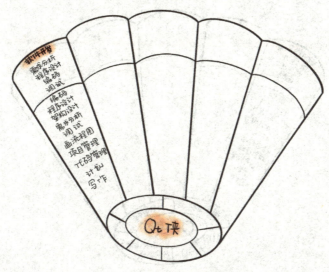

图 9-14　分析专业支撑能力

第 4 步，自我设问，找出核心能力。

有时列出了专业支撑能力，在脑海中检视一遍，我们就能挑出核心能力，即可以支撑多种价值服务形式的能力。有时我们会陷入混乱，尤其是在我们想要转型或面对多种选择时。为此我设计了如下 3 个逐级递进的问题，帮助大家来明确核心能力。

1. 哪些技能被超过 1 项的工作内容所需要？数一数专业支撑能力栏目中重复出现的技能即可快速挑出来。

2. 哪些技能我愿意着重发展？可以从已有专业支撑能力中选择，也可以从兴趣、倾向中挑选。如果你不确定自己想要大力发展哪种技能，可以采用第 4 章提供的方法"成就事件分析"，从你工作中的某个令你感到有成就感的事件中挖掘。

3. 哪些技能可以创造职场之外的价值服务？列出技能和它可能创造的价值服务形式。如果你不知道某种技能可以创造什么新服务，可以翻阅本书中的案例找找灵感，也可以到知识星球"副业赚钱"中来和星友们讨论，或者向我提问。

请遵循 1、2、3 这样的顺序自问自答，最终找到能够创造新的价值服务的技能，填入核心能力圈中。

最终，你的扇形收入图可能变得像图 9-15 这样。

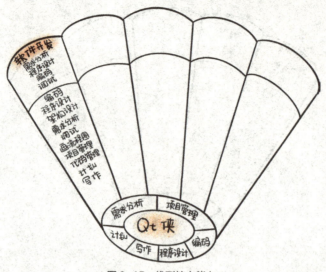

图 9-15　找到核心能力

注意，我们是从职场收入渠道入手来介绍如何挖掘核心能力的。实际上，这 4 个步骤也可用于其他斜杠收入渠道。

5 步规划并落地新的收入结构

扇形收入图可以用来规划新的收入结构，按照盘点过去、明确目标、删减负累、添加收入渠道、导出行动路线图这 5 个步骤来做即可。

第 1 步，盘点过去。

取出一张空白的 A4 纸，先画职场收入渠道，写下你的工作是什么，然后列出关键工作内容，接下来逐一找出支撑关键工作内容的技能。比如你的工作是软件开发，那肯定有需求分析、编码、程序设计、调试等工作内容，相应的技能就是业务理解、需求分析、编码、程序设计、调试等。挖掘专业支撑能力的过程，请参考 "4 步挖掘核心能力"。

注意先不要填写核心能力圈，绘制完理财收入渠道后再统一来填。

如果有斜杠收入渠道，都罗列出来，仿照职场收入渠道，逐一画到扇形收入图上。

斜杠收入渠道都绘制完毕了，接下来我们来绘制第 4 部分，理财收入渠道。

　　　　　　　　　　　　副业赚钱之道　从 0 到 1 打造多元化收入

如果没有理财收入渠道，就留白，不用绘制。

现在，我们可以快速浏览职场收入渠道、若干斜杠收入渠道、理财收入渠道等对应的专业支撑能力，挑出重叠的那些，填入核心能力圈。（这是一种简化的寻找核心能力的方法——被多个收入渠道同时用到的那些技能，一般就是核心技能。）

现在你已经把自己的收入渠道和能力等情况全都放在了扇形收入图上。

第 2 步，明确目标。

目标引领行动，没有目标，就谈不上规划未来的收入结构。所以，请先设想自己 3 年后的生活状态。

- 我的榜样是哪些人？
- 我是什么身份（职业角色、家庭角色、社会角色等）的人？
- 我在哪里？
- 我做哪些事情？1 件或多件。
- 我有哪些收入渠道？
- 我在什么环境中，和谁在一起生活？他（她）们是什么样的人？
- 我每天的生活是什么样子的？

通过回答这些问题，你可以明确自己的愿景或梦想（譬如我的愿景是"分享知识与见识，助人助己"），找出自己未来 3 年的 3 个关键目标，然后采用第 6 章提供的愿景板工具，把这些目标形象化地描述出来。

第 3 步，删减负累。

观察你的扇形收入图，看看有没有哪个收入渠道和你的愿景及关键目标不相关，或者在它上面付出的精力会延缓你关键目标的实现，把它们一一删除掉。比如我曾经砍掉过顺风车、软件项目外包等斜杠收入渠道。因为它们不符合我"分享知识与见识，助人助己"的愿景，也不符合我"2020 年年底成为 IT 领域有影响力的职业规划师"这个目标。

第 4 步，增加收入渠道。

检视你未来 3 年的目标，想一想，它们可能会产生什么样的收入。比如玉小姐的目标是出版一本生涯类图书，那她就可以把图书作为一个斜杠收入渠道，绘制在扇形收入图上。比如我希望被动收入超过 30 万元，那在理财这个收入渠道，我就应该参考第 8 章的内容，规划出相应的理财和投资产品。

从未来愿景和目标倒推挖掘新的收入渠道这种方法，是面向未来的，还有两种基于现在做延伸的方法。

- 从一个已有的收入渠道开始，看看它可以衍生出什么新的收入渠道。比如黄金进的职场收入渠道是软件开发，他在软件开发过程中积累的 Java 编程语言知识、程序设计经验等，就可以横跨一步，将知识和经验转换成视频课程，构建出一个斜杠收入渠道。比如菁妈，职场收入渠道是营养讲师，那通过设想"我的育儿知识还能通过什么渠道以什么形式提供给什么人"，她就拓展出了在悟空问答上从事育儿问答这个收入渠道。这种方法的通常做法是：盘点出已有收入渠道相关的资源（知识、技能、经验、人际关系等），然后评估它们是否可以利用 8 种常见的变现模式，形成新的收入渠道。（更进一步的信息，请参考第 3 章"资源的 8 种变现模式"一节）

- 从核心能力出发，问问"这项能力可以为哪些人、在哪方面，以什么样的服务形式，解决他们的什么问题"。比如你的核心能力中有"编程"一项，你可以问问自己，除了工作，你还可以用它做什么？比如给微信公众号运营者，做一个工具软件，自动把文章同步发布到不同平台上。比如汤小小，她核心能力中的"PPT 设计"能力，就转换为了新媒体海报、图文制作这种服务，帮助公众号运营者提升图文质量。比如《Android 开发艺术探索》的作者任玉刚，他核心能力中的 Android 开发能力，就借助知识星球，为想提升 Android 开发能力的人，以图文、问答等方式提供帮助，实现了"会员"这种收入渠道。

第 5 步，导出行动路线图。

有了新的收入渠道，那接下来，我们还可以使用第 6 章的 GPS 法，规划出实现某种收入渠道的路径来。如果暂时规划不出来，我们那可以采用第 5 章提供的方法——生涯人物访谈，找到一个在新增的收入渠道上有成功经验的人做访谈，然后整合得到的信息，用倒推法完成里程碑规划。再接下来，用第 6 章提供的两种行动力"武器"——阶梯模型和 GPS 法，细化出具体的路线图和行动计划。

值得注意的是，新的收入渠道，往往需要一些新的、你尚不具备的专业支撑能力。比如硬件设计工程师老黄发现自己的 PCB Layout 能力可以帮一些小微企业做 Layout 设计。那么 PCB Layout 设计这个收入渠道，还需要什么能力支撑？是不是需要商务谈判、沟通、需求分析、元器件选型、时间管理等能力？这些能力中，元器件选型、时间管理、需求分析等，都是老黄已经具备的，而商务谈判这项能力，则是他尚不具备的。那接下来，他就需要评估自己应该怎么办。比如他可以自己看书学习、听课学习，把习得这种能力当作一个短期目标，纳入行动计划中；比如他可以找一个精通商务谈判的朋友合作。

现在，我们的新收入渠道对应的行动计划，更具备可执行性了，接下来就可以开始行动了。

<h1 style="text-align:center">扇形收入图集</h1>

我特意邀请了本书几个案例的主人公，总结他们的收入渠道、收入类别、专业支撑能力和核心能力，绘制成了扇形收入图，放在这里供大家参考，如图 9-16 ～图 9-18 所示。

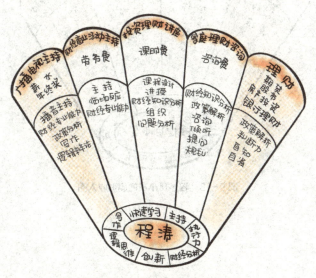

图 9-16　程涛的扇形收入图

图 9-17　纯洁的微笑的扇形收入图

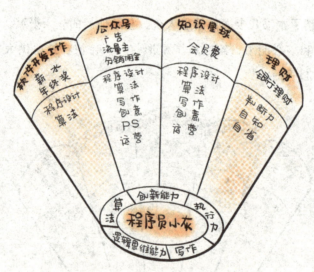

图 9-18　程序员小灰的扇形收入图

实践：绘制你的扇形收入图，引领自己成长

相信你翻开这本书的一个非常重要的意图是：获得知识和方法，通过持续行动，促成自己的成长和改变。

我还相信，这样的改变时刻，在不远的一个月前、稍微远一点的一个季度前、再远一些的一年前……都曾经出现过。但你还记得那些你想要改变的时刻，以及自己最终发生了什么样的改变吗？

是不是很难想起？

其实想不起来，往往不是因为自己没有改变，也不是因为改变被忘记了，而是因为我们缺少记录、缺少仪式、缺少对照。

所以，为了让你能更好地看到自己的变化，我借助扇形收入图，设计了一个方法，让你可以毫不费力地看到自己的成长。

这个方法的核心是：每年制作两张扇形收入图。具体做法分为 4 步。

第 1 步，选择一个时间点，比如现在，或者每年的 12 月 30 日，盘点当下自己的工作、斜杠事业、理财等状况，制作现在的扇形收入图，我们叫它"扇形收入快照"。具体做法参考上 1 节的"盘点过去"及本章第 1 节"扇形收入理论"。

第 2 步，拿出上年同一时刻制作的"扇形收入快照"，对比两者的差异，找到自己在收入渠道、专业支撑能力、核心能力等方面的变化。

第 3 步，拿出上年同一时刻制作的"未来扇形收入快照"，对比当下的"扇形收入快照"，看看自己设定的目标，哪些实现了，哪些没实现，问问自己为什么。（也可参考第 7 章做系统的复盘。）

第 4 步，整合前 3 步，制作接下来一年的扇形收入图，因为它是面向未来的，我们叫它"未来扇形收入快照"。

我们每年花上一天时间，来做这 4 步，每年都可以看见自己的成长。

如果你是第 1 次做这件事，现在只需要做第 1 步和第 4 步。我们已经为你备好了两张空白的扇形收入图，你可以直接用它制作你的"扇形收入快照"和"未

来的扇形收入快照"，如图 9-19 所示。

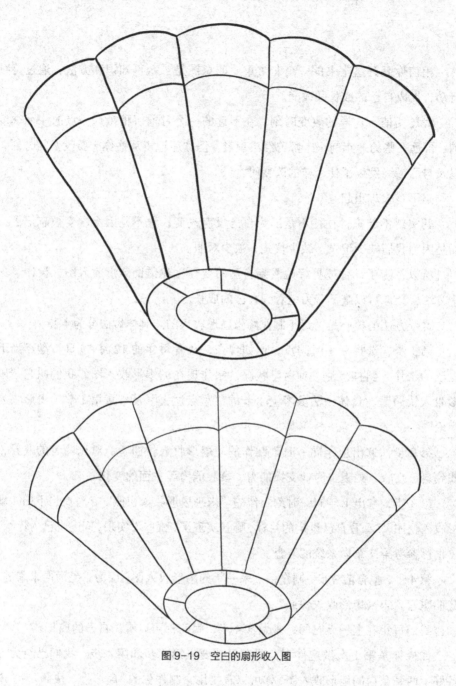

图 9-19　空白的扇形收入图

　　　　　　　　　副业赚钱之道　从 0 到 1 打造多元化收入

如果没有那些慷慨的从事副业的人跟我分享他们的经历，这本书根本不可能完成。因此，我首先要感谢每一位帮助过我的副业者，感谢他们与我交谈，与我分享他们的生活，并允许我讲述他们的故事。

感谢程涛老师愿意撰写本书关于家庭理财的章节，并愿意将自己的扇形收入图放入书中。

感谢赵瑾老师为本书绘制插画，让原本冷硬的插图变得有温度。

感谢本书编辑郭媛老师在内容结构和目录方面的专业建议，我根据她的建议调整后，本书的可读性和逻辑性都得到了显著提升。

感谢《只管去做》作者邹小强对本书结构、结尾及工具的便利性等方面的建议。

感谢创做社创始人邓程天对本书所提供方法和工具在适用人群方面的建议，同时也是他的一句话，促成了我和赵瑾老师的合作。

感谢《刻意学习》作者 Scalers 对本书案例及副业观方面的建议。

感谢 DISC 国际双证班创始人李海峰老师帮忙提炼出了本书与同类书籍的差异。

感谢《洋葱阅读法》作者彭小六在 2018 年 11 月肯定了我写作本书的构思。

感谢知识星球"副业赚钱"的各位星友在案例、方法实验等方面对本书提供的各种帮助。

感谢刘倩老师的热情帮助，介绍了 3 位经历丰富的朋友谷子、世正和晓风给我。

感谢知识星球"副业赚钱"的嘉宾"程序员小灰"允许我将他的案例分享给大家，并愿意花费时间绘制他的扇形收入图放进本书。

感谢知识星球"副业赚钱"的嘉宾"纯洁的微笑"帮我测试扇形收入图相

关章节的可读性，并愿意绘制自己的扇形收入图放进本书。

感谢 DISC 国际双证班社群、秋叶知识 IP 大本营和小强年度计划训练营，这些平台汇聚了来自五湖四海的爱学习、爱分享爱副业的热心人士，他们给了我莫大的帮助。

还要特别感谢我的爱人赵建嫒女士和女儿安悦瑄小朋友，她们在时间、空间方面给予了我有力支持，并经常鼓励我精益求精，她们的陪伴激励我努力前进。

最后，要特别感谢正在阅读本书的你，我的努力，只能使这本工具书成为一个半成品，而你的阅读和随之而来的反馈与行动，才真正将它塑造成了一件完整的作品。